存在的斷層掃瞄
——羅門都市詩論

陳大爲著

現代文學研究叢刊
文史哲出版社印行

國家圖書館出版品預行編目資料

存在的斷層掃瞄：羅門都市詩論 / 陳大爲著. --
初版. -- 臺北市：文史哲，民 87
　　面　；　公分. -- (現代文學研究叢刊；3)
參考書目：面
ISBN 957-549-151-3 (平裝)

1.羅門 – 作品集 – 評論 2. 詩 – 評論

851.486　　　　　　　　　　　　87007932

現代文學研究叢刊 ③

存 在 的 斷 層 掃 瞄
——羅 門 都 市 詩 論

著　　者：陳　　　大　　　爲
出 版 者：文 史 哲 出 版 社
登記證字號：行政院新聞局版臺業字五三三七號
發 行 人：彭　　　正　　　雄
發 行 所：文 史 哲 出 版 社
印 刷 者：文 史 哲 出 版 社
　　　　臺北市羅斯福路一段七十二巷四號
　　　　郵政劃撥帳號：一六一八〇一七五
　　　　電話 886-2-23511028・傳眞 886-2-23965656

實價新臺幣二四〇元

中 華 民 國 八 十 七 年 六 月 初 版

〜 小 序 〜

選擇羅門的都市詩作為碩士論文的方向,最大的動機在於它擁有極大的詮釋及論述空間。其中有許多創作及理論上的問題,可以讓我發揮所學;另一方面也逼使我去接觸更多相關的學科,來強化我的論述。

雖然有關羅門的評論文章已高達百萬字,但它們並沒有形成論述上的障礙。在這本論文當中,我提出了一些新的見解與詮釋,深化了一些點到即止的前人卓見,重新辯證了一些既有的評價。

這本碩士論文的完成,要感謝指導教授陳鵬翔老師在資料蒐集及方法學上的指引。除了啟迪與督導,陳老師更給予我充分的自主與信任,讓這本具有強烈評價意識的論文,得以圓滿完成。

在此,更要感謝彭正雄先生的厚愛,慷慨應允這本論文的出版。

存在的斷層掃瞄——羅門都市詩論

目　錄

第一章　緒　論

第一節　存在主義與羅門

　　從古希臘聖哲柏拉圖（Plato, 427-347 B.C.）以降，兩千多年來，歐洲的哲學研討方向，始終圍繞在人性本質、生命意義和道德問題等諸多形上學的範疇之間，直到存在主義的出現，才初次面對最基本的人的「存在」問題。

　　從歐陸的哲學思想的發展歷程來鳥瞰，就可以歸納出源流複雜的存在思想，其出發點是丹麥哲學家齊克果（Sören Kierkegaard, 1813-1855）對於「人」的「反俗眾」個體化觀念。他認為人是一個特殊的個體，他企圖把人從環境的限制和群體的「總體性」中提取出來，讓每個「單獨的人」（the single individual）去面對他自己的存在問題，進而認識到個人的「個別性」（individual）的價值。這是存在主義哲學日後發展的一個決定性範疇。其後，存在思想經由基督教存在主義和非基督教存在主義這兩條截然相反的路線發展下來。

　　從宏觀的西方哲學史角度而言，「存在哲學」（Existenzphilosophie）正式誕生於飽受第一次世界大戰之戰

火摧殘的歐洲，尤其德國這片由戰前的狂妄自大驟變成戰後的
極度悲觀的土地，更是提供存在思想萌芽的理想國。這時期主
要的代表人物便是德國哲學家雅斯培（Karl Jaspers, 1883-
1969）。雅氏以一部《世界觀心理學》（*Phychologie der
Weltanschauungen, 1919*）奠定了存在主義哲學的內容和方法
論基礎。他將個人從群體中割裂出來，捨棄人的共通性，僅僅
承認個人的存在，以及完全與他人相異的、獨一無二的特性。
他又進一步分析了個人在存在過程中，必須面對的種種生存的
苦難與逆境，以及其中所體現的「自我創造」。

於二〇年代全球性的經濟大蕭條期間，德國的存在哲學的
學者完成了存在哲學的體系。德國哲學家海德格（Martin
Heidegger, 1884-1976）出版了存在主義的經典之作《存在與
時間》（*Sein und Zeit, 1927*），以現象學的方法作為「存
在」的「自我顯現」的方法，對「存在」的研究起了革命性的
作用，並建立探討存在意義為主旨的「存在本體論」（Die
Existenzial-Ontologie）。再經過第二次世界大戰的巨大創
傷，作為一種社會意識形態的「存在主義」
（existentialisme）便在法國發展開來，經由沉重深遠的戰爭
陰影的催化，以及學術界對尼采（Friedrich Nietzsche,
1844-1900）、沙特（Jean-Paul Sartre, 1905-1980）、海德
格、卡繆（Albert Camus, 1913-1960）等人的哲學和文學作品
的深入研究，且在諾貝爾文學獎的肯定與傳播媒體的助力之
下，於五〇年代從歐洲迅速散佈到美國與世界各地。從文學、

哲學、社會學的領域，擴展到日常生活當中，成為一種時尚的意識形態，全球性廣泛地流行起來。

　　五○年代末期，存在主義由留美學人引入台灣，風行於六○年代的台灣文壇。當時台灣先後經歷過大規模的戰敗徹退、強人政治、戒嚴社會、美援斷絕、政治孤立等諸多巨變與不安，類似戰後德國的「戰敗國症候群」籠罩著當時的台灣社會，這正是適合存在主義蓬勃發展的時空；而且當時的政府大力引進西方的資金與技術，西方現代主義文學思潮隨之大舉入侵轉型中的台灣社會。由於許多存在主義大師兼具現代主義大師的角色，他們在以學術性文字立論的同時，也透過文學作品來實踐其哲學思想，於是存在主義在某個程度而言便成為現代主義的哲學基礎；所以許多台灣小說家和詩人在閱讀和吸收現代主義的時候，同時受到存在主義在觀念上的影響，以致作品中或出現「存在主義」的相關術語，或反省著、表現著種種存在主義的思考要素，其中包括對「主體」（Subjekt）和各種「現身情態」（Befindlichkeit）的思考——「疏離」、「虛無」、「焦慮」、「荒謬」、「死亡」等等。

　　何欣在〈六十年代的文學理論簡介〉一文中，曾經如此描述過存在主義對當代台灣文壇與社會的影響：「在這個時期，對歐美文學思潮有極大影響力的無神論存在主義被評介到國內來，那時節存在主義像一陣狂風一般，其力似乎是不可抗拒的；存在主義哲學方面的著作有了譯本，獲得了廣大讀者的喜愛。沙特和卡繆的作品之分析介紹，出現在雜誌上和報紙副刊

上，沒有讀過《嘔吐》、《異鄉人》，甚至卡夫卡的小說的文學愛好者，仿佛就像沒有讀過好作品似的」（尹雪曼編，1975：90）。

羅門（本名韓仁存，1928- ）崛起於一九五四年的台灣詩壇，之後適逢存在主義風潮，而他對存在主義的吸收和轉化，在日後的詩作與論文當中逐漸形成明顯的美學架構，尤其探討人類存在的悲劇性問題的單篇論文，已超過十萬字。他那套在台灣堪稱自成一家之言的詩美學，即是一套以現代人的「生存困境」爲主要思考方向的創作理論。

綜觀羅門詩創作的四大主題──「自我」、「都市文明與性」、「戰爭」、「死亡與永恆」，其思想主軸即是人類生存的悲劇，除了「戰爭」及其引起的「死亡」之外，其餘主題（包括非戰爭的「死亡」以及「永恆」），都根植在「都市（第二自然）」的創作及論述範圍之內。其實，羅門對「性」的批判，完全以都市人的肉慾化墮落現象爲基礎，對「自我」的思考亦置於都市生存空間之中，「都市」主題就某個程度而言，足以涵蓋此二主題。至於「永恆」，則是「都市」主題背後隱藏著的，一種具有超越性意義的追尋。

再者，「現代」和「都市」這兩個符號在羅門的美學主張與思考邏輯裡，實在是密不可分。現代文明即是都市文明，而且他再三強調都市題材的書寫，是身居都市的現代詩人最不能忽略的創作方向，可見他定義下的現代人就是都市人。那麼作爲他對存在悲劇的思考對象的人類，必然是「現代都市人

類」，也就是「都市人」；而成為他觀察、分析、思考、批判、詮釋對象的時空，別無選擇的就是「現代都市」。而且羅門多年來在都市詩方面的苦心經營，已獲得許多詩評家的讚賞，陳煌認為「羅門對都市的冥暗心態看得透，觀察入微，說他是城市詩國的發言人並不為過」（收入羅門，1995b：218）。這一切在在說明了都市詩在他創作生涯中的地位。

　　四十年來，所纍積的有關羅門都市詩和其餘詩類的專論與綜論，篇幅已超過一百萬字，其中大部分重要論文已收入《門羅天下》（1991）及《羅門蓉子文學世界學術研討會論文集》（1994）、《從詩中走來：論羅門蓉子》（1997）。此外，林燿德曾匯集其個人之單篇論文出版了《羅門論》（1991），周偉民、唐玲玲合著了《日月的雙軌──羅門，蓉子創作世界評介》（1991）。同時羅門也撰述過十萬字以上討論現代（都市）人類生存問題，以及談論都市詩創作的文章，並先後結集出版，分別收入在《現代人的悲劇精神與現代詩人》（1964）、《心靈訪問記》（1969）、《長期受審判的人》（1974）、《時空的回聲》（1982）、《詩眼看世界》（1989）、《羅門創作大系・（卷八）羅門論文集》（1995）等六部論文集當中。我們可以從羅門所有的詩論及詩作當中，輕易地分析出其都市詩的創作意圖最明顯而強烈、最宏觀且長遠，也是最具研究價值的詩類。

　　雖然羅門對九〇年代的世紀末都市景象的刻劃與挖掘不盡理想，而八〇年代曾致力於都市詩並卓然成家的林彧（1957-）

沒有持續創作，至於最具潛力開發出「世紀末都市詩」的林燿
德（1962-1996），也僅僅是偶有幾篇佳作。其餘人等皆無法展
現出羅門的創作企圖、毅力與魄力，更談不上建構一己之都市
詩美學。相較之下，羅門三十多年來在都市詩方面所投注的創
作心力與成果，確實令人側目。

如果進一步加以論述，便可以突顯出存在主義和悲劇觀在
羅門都市詩的美學建構與創作過程，所扮演的主導性地位。它
形成羅門都市詩的先天優勢──龐沛的道德批判力量與對生存
情態的關懷。這股強大的批判意識，就是支撐其四十餘年創作
生命的樑柱。

換言之，處理羅門的都市詩即等於在處理他創作生命的脊
椎，處理羅門的存在思想形同處理他思想的腦幹。兩者的結合
分析，確能把握住羅門詩歌的藝術特質。

第一節 都市詩的界定與版本問題

研究羅門最重要的第一手資料，莫過於一九九五年文史哲
出版社出版的《羅門創作大系》，因為林燿德「規劃這套書的
目的，在於呈現羅門四十年來詩與藝術創造世界的完整藍圖」
（〈策劃者的話〉，無頁碼），可見這套大系便是一次總結性
的成果大展。而且它更是羅門在結婚四十周年對蓉子的獻禮，

意義非凡；羅門對這套大系的規劃，必然有某程度的參與。然而，當我們從都市詩的角度去檢視它的時候，這套由林燿德策劃出版的大系，在作品的分卷方面出現不容忽視的問題。

雖然我們根本無法從大系各卷卷首所刊錄的〈策劃者的話〉，去判讀林燿德的「策劃權限」是否達到對作品分卷完全主導，可是羅門既然十分配合地就各卷的作品題材，寫一篇綱領式的題解——「前言」，這意味著羅門已認同這個分卷結果。從中我們發現：不同層次的都市題材被肢解、流放到五個不同的題材區域裡去，而各卷的「流亡」都市詩之間又有某種同質性或內在聯繫，可歸納成一個小類別。

根據羅門在〈都市與都市詩〉（1995）一文中對「都市詩」的界定，他認為這是一種以都市生活中的各種相關題材為寫作對象的詩類，因為它最能貼切地表現與傳真現代人在都市中生存的生命真況與實境，它甚至包含了詩人的生活感受與潛在經驗（1995b：41-44）。按照這項界定，描寫都市中任何一種生命狀況與現象的詩，都能算是都市詩。早年羅門自行區分在都市主題之外的「性主題」，在大系分卷時收編到都市詩卷，可他卻排除掉一些正面的人物形象。由此我們不難發現，羅門潛意識裡的都市是一座孕育著悲劇與罪惡的深淵。

從大系的分卷結果，我們可以精準地解讀出羅門對「都市」的深層界定。在上述所提及的矛盾當中，隱含了許多重大訊息與契機，透露了羅門在滔滔詩論與猛烈批判之外，潛意識裡的實切關懷與忽視，以及創作視野拓展進程中，草草錯過的

隱性社會問題。

　　本文藉助於社會學對都市問題的探討，擴大羅門界定的都市詩層面與內涵，將二者融合成一個更具深度與廣度，同時兼顧本體與現象（以及問題癥結）、大眾行為與個體心理、消費與被消費、白領與藍領生存情態的「廣義都市詩界定」。最後才以此一標準在羅門的大系、詩集、詩選當中，蒐尋出符合界定與可供論述的近百首「都市詩」（相當於都市詩卷的三倍）。

　　本文的研讀範圍包括所有在台灣及中國大陸出版的羅門詩集、論文集、散文集。但原則上，所有引述討論的詩作與論文，皆以《羅門創作大系》為標準版本，若某一首詩與舊版原貌有影響性的差異，則先行比對分析，然後再作取捨。至於這些被羅門大幅修訂的舊作，新舊版本之間所隱含的作者意圖、思維邏輯與美學觀念等各方面的變更，雖然難以納入本文的論述架構當中，但它仍舊是一個值得另行撰文論述的課題。

第二章　存在思想與境況

前　言

　　在人類對都市（第二自然）投入越來越多的經濟和智慧力量的同時，人類自身也越來越被這個生存環境緊緊牽制，必須無時無刻的去應對激烈變化的世界。羅門認為：凡是具有敏銳心靈的詩人與藝術家，都必然會有深刻的心靈感受，更是無可逃避的得去面對這一切；尤其對每一位寫現代詩的詩人而言，「他怎能離開人類已（或逐漸）面臨的現代生存環境？」（1995b：73）。他始終強調作品的現代感與真實生命活動，有著不容分割的內在聯繫，所以他再三呼籲所有文藝工作者，應當「對於人類生存遭遇到的難局，堅持住某些突破與超越的可能」（1995h：281）。很明顯的，羅門的創作視野與思考範圍，一直緊扣著現代人的生存問題。

　　羅門對現代人生存問題的思考層面十分寬廣，從本體到現象，從生存到死亡，從都市到戰場。這些思考與批判的美學架構，是存在主義式的。換言之，羅門詩創作的終極關懷對象，就是「此在」（Dasein）❶，而他選擇的書寫場域是現代都市，

所以他對存在的思考自然趨向現代都市（第二自然），與龐雜紛亂、瞬息萬變、被無數思潮沖擊著的都市生存景象進行對話；乃至於「將眼前存在的世界，當作母體，使傳統和現代新的生命進去，引起受孕，產生全新的生命」（羅門，1995b：215）。

本章以羅門的詩論爲主要論據，以詩作爲輔，梳理其對本體論及現象論的存在思考，以及「第三自然」的理論架構等問題；並同時分析諸位存在主義大師的觀點在羅門思想形成過程中，所產生的影響的焦慮。至於詩作的印證工作，則留待後續篇章去處理。

第一節　從本體到現象的存在思考

對本體論的存在思考，首要面對的是「本質」問題。海德格認爲此在的「本質」（Essentia）在於他本身的「去存在」（Zu-sein），此在本身透過「去存在」的行爲來決定自己會存在成何種生命／生活形態，這才決定了所謂的「本質」。換言之，此在的「去存在」過程，乃是一種由自身選擇、規定、決定的存在方式，非現成或宿命的；而這種過程的最大意義與目標，就是「有所作爲」。這也是「存在規定了本質」，同時「存在先於本質」的「本真結構」（Eigentlichkeit）。可是

每一個此在在世界之中，都不是孤立的，他必然會與他人（Andere）產生關係，也因而可能失本離真，不再立足於本身而以「非本真結構」（Unigentlichkeit）的狀態存在。

尤其在交談、交易、共用交通工具、接收同樣的傳媒資訊的共處同在的環境下，此在的本己早已完全消解在「他人的」存在方式之中，其獨特性也消失了，而融入「常人」（das Man）之中。從另個角度來看，是常人對此在展開了獨裁——包括消費和享樂的型態與方式（譬如流行服飾和ＫＴＶ）、對文藝作品和的鑑賞角度（諸如暢銷書、排行榜唱片、賣座電影）、看待事物的觀點和情緒反應（例如泛政治化的群眾運動），它往往成為日常生活的指標，決定了生活的方式。常人這種共在形態，保持著一種生存的「平衡狀態」，所有優越突出的即將被消磨得「平整」（einebenen），所有的創見將被壓制或泛濫成庸俗，所有事物都趨向平整化。每一個此在的生存責任，就這樣被常人卸除。活存在世界中的人們，通常都一直是常人，世界將此在對本己的存在意義及思考蒙蔽起來，此在必須在這個巨大依棲性的存在結構中解脫出來，超越了存在的困境，回返到存在論的本真結構，才能真正擁有、切實掌握住本己（海德格著，王慶節、陳嘉映譯，1993：177-181）。

長年居住在都市的羅門，亦觀察到機械化的都市生活步調，在此在（都市人）的成長、生活過程中，不斷扭曲他的自我，使之變形，並污染其靈魂與精神，而墜入如海德格所言的「非本真結構」中，失去本己的真義，這時候的此在「只是一

個被環境塑造成的帶有適應性的活動形體」（羅門，1995h：
261）。生存環境逼使這個「活體」將情感容顏、語言行為抑制
到「常人」的規範裡，被「平整化」了。羅門在〈咖啡情〉
（1976）一詩中就有這樣的刻劃：

> 那多數是在下午
> 同一號碼的巴士沿著固定的路
> 　　　　　　在窗外過了又過
> 同一個名字的他　順著時鐘的方向
> 　　　　　　在窗內坐了又坐
> 當煙霧把窗內窗外朦朧在一起
> 更看不出齒輪在鐘裡追的（是）甚麼
> 　　　　車輪在街上趕的（是）甚麼　　　（1980：60-61）

這是一個「典範化」的下午，可以是任何一天的下午，而「下
午」本身也是一個抽樣性的時間，其他時間也同樣「典範化」
了。被工作時間規律化、平整化的生活樣式無法對下午造成任
何的獨特性。窗外路線與班次固定的巴士平整了動態的景象，
而每一位先後在窗內靜靜坐過的「他」，同樣沒有獨特性，他
們都可以被歸納到「同一個名字」底下──「常人」？！生活
中忙碌的目標亦朦朧起來，空洞起來，最後成為一種必須例行
的公式。所以我們在這段詩句中，赤裸裸地看到此在的非本真
結構。

　　本來人活著，「總想堅持不被扭曲的自我形象；但複雜的

社會是一面哈哈鏡，有時要你面目全非」（羅門，1995b：183），這就是生存的悲劇。即然如此，此在是否可以脫離世界而獨存呢？答案卻是否定的。

根據羅門對都市人的體察，即使他們「企圖從一切複雜性與集體性的層阻中逃回到純粹的『自我』那裡去，結果在那自由得幾乎毫無障礙的空漠裡，反而陷於孤立、空無與面臨幻滅」（1995h：274）；因爲這些「長期被文化力量感染過的人，他的生命，在根本上已不可能生活在與人不發生關聯的情形下。雖然一走入現實社會的複雜性與虛僞性中，人便感到自我被抑制與扭曲的不快，極力想逃回他的『純我』那裡去，但人一逃回他的『純我』那裡，獲得了完全自由，他反又感到孤立，感到與人失去聯繫的憂慮與恐懼」（1995h：262）。所以極大部分的都市人只好讓自我消失於「常人」中，尋找一個安定的熟悉狀態，滯留於其中，成爲一具沒有自我的活體。這種生存的矛盾與悲劇，已成爲都市人的共同命運。面對這種生存的困境，沙特提出了「虛無」（néant）。

沙特在《存在與虛無》（*L'Être et le Néant, 1943*）一書中，明確地定義了 néant ：「虛無不是作爲未分化的空洞」（沙特著，陳宣良等譯，1990：53），可見「虛無」並非一般讀者所誤解的空洞化、飄渺化的指涉，它是一種針對存在而產生的「意識的否定作用」。

沙特認爲人的存在就是意識的存在，這是異於其他物體「自在的存在」（être-en soi）的一種「自爲的存在」

（être-pour-soi）。當此在察覺到自身存在的某些欠缺，因而籌劃某些事物以致產生焦慮（二者具有不可分割性），這種焦慮勢必導致一種自我超越或掙脫現實困境的意圖；但置身於現實社會體制底下的此在，有許多無法超越的體制性的規範與束縛，在限制著此在的意識（選擇）。這時候，此在只能透過意識的否定作用去超越現實中的事物，無視於它們的實際存在，毫無顧忌地為自己作出選擇。這種意識的「虛無化」（néantisation），具有精神上的自我隔離功能，足以將此在從體制中掙脫。很明顯的，虛無化的目的「不在於使世界消入虛無，而只是處在存在的範圍內拒絕將一種屬性給予一個主體」（同上：54）。

必須注意的是：「虛無不存在，虛無**被存在**（est été）；虛無不自我虛無化，虛無被**虛無化**（est néantisé）」（同上：58）；它不是源自外在世界，也不能主動產生，而是起源於此在的意識本身的自我虛無化。此在的這種自我虛無化的能力，就是「自由」（liberté）。「只有在虛無中，存在才能夠被超越」（同上：52），沙特這麼強調。他同時指出，海德格在談論「超越」時，早已經「把虛無作為超越性的原始結構置入超越性之中了」（同上：53）。

在此在自我虛無化的同時，外在世界也被主觀意識虛無化了。但實際上，此在還是「在世」的，他並沒有消失，或者獲得真實的脫離。可是，「在沙特看來，人的自由不只是否定周圍事物，使之虛無；而且，更重要的是，通過這種虛無化，達

到自我肯定，自我選擇——憑主觀意識對周圍事物的否定，爲自己選擇一種最理想的存在方式，使自己隨心所欲地把自己的注意力投向所揀選的事物上」（高宣揚，1993：229）。沙特亦否認所謂的決定論，以及上帝的存在，此在被賦予完全的意識自由，所以他必須承擔責任。

然而因爲虛無化的結果，所以此在所面對的是一片完全自由的前景，這裡的可能發展有二：一是毫無顧忌的自由發揮，在零牽絆的心理環境裡追求心中的目標，去創造自己（如沙特所要求者），具有強烈的行動性與實踐性；一是散漫而空洞，消極無目標的活下去，成爲一種鴕鳥式的逃避。然而這種具有高度幻想性與狂熱性的虛無化，落實到一般常人身上，會較偏向於後者。那種沒有目標的、不付諸於行動的虛無化，是我們較常見的形態。

羅門對虛無的思考，不但沒有深化沙特的虛無思想，還產生某程度的誤解，不過他以較淺顯的本體論及現象論思考，兼顧了自爲的此在與常人虛無化的正負面發展；並且融合了從尼采的「悲劇精神」修訂得來的「現代悲劇觀」，組合成一套思路簡易的「悲劇性的虛無的存在思想」。當然，羅門不是哲學家，其思維邏輯難免有不夠縝密之處，我們也無法要求他建構一個體系龐大、論述嚴謹，如海德格的本體存在論，或像沙特般的針對虛無等問題所展開的綿密論述，抑或尼采式的高度哲學思維的雄辯。這對一位以創作爲本位的詩人而言，是不公平的。但他在這個哲學性領域的探索成果，已然架構成一己的詩

美學，主導著創作，更顯露出強大的道德批判動力。從這個角度來看，他的理論建構和創作已屬難能可貴。

這個「悲劇性的虛無的存在思想」的結構如下：

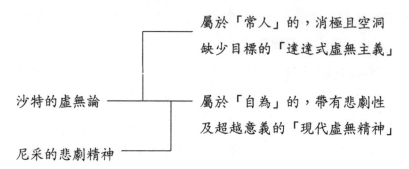

屬於「常人」的，消極且空洞
缺少目標的「達達式虛無主義」

沙特的虛無論 ────

尼采的悲劇精神 ────

屬於「自為」的，帶有悲劇性
及超越意義的「現代虛無精神」

羅門與諸位存在主義大師之間，存在著某種「影響的焦慮」。羅門要談虛無並且企圖由此「研發」出一己的「現代虛無觀」，就得面對沙特的虛無論。然而，沙特的哲學思維不是羅門所能企及的，所以身為遲來者的羅門勢必意識到──「被任何前驅者的體系所奴役，意味著使自己囿於無法擺脫的推理和比較」（布魯姆著，徐文博譯，1990：28）──此一影響的焦慮；因為如果他所暢言者，完全根據沙特的立論，不但會喪失了創新意識，同時也無法建構一己的虛無觀。可他又沒有能力去深化沙特的論述，所以他選擇了「偏移」（clinamen）❷，從他本身的創作需求和角度去「矯正」沙特，把虛無論引導入另一個更符合都市生存情境的思考方向。

羅門對沙特虛無論的理解相當模糊，我們分別從〈談虛無〉一文中的兩個要點，切入羅門所謂的「沙特精神」：

【一】他所掌握的「沙特精神的重心」（1995h：268）。他舉了這麼個例子——沙特讓我們目睹了人類穿過實存世界的前門，進入其中，再拉開後門的時候「『虛無』便似一陣強風從門縫裡襲進來」（同上：268），然後我們感受到的只是經過一番生存的奮鬥而無所獲的絕望。他並認為沙特「是一個與『虛無』搏鬥得最頑強的英雄人物」（同上：268），最後也失足於虛無中！

【二】「沙特精神發展」的兩端：〔A〕虛無化的終點——由此入手，將會「偏入達達主義者所感到幻滅的虛無世界裡去，認為生存是荒謬與沒有意義的」（1995h：268）；〔B〕虛無化的開端——由此入手則可以洞悉沙特的生存意向，沙特雖然認定此在終究無法逃出虛無的絕境，但仍堅持要活下去；並喚醒此在「繼續不斷以行動去推開那由前面襲過來的虛無的氣流」（同上：268-269）。

從上述例子，我們可以歸納出羅門所理解的「沙特的虛無」：〔A〕它是一股「外在」的力量，像氣流般由生存的未來前景（前面）侵襲過來；〔B〕它是一種不安的負面力量，所以我們必須推開它，「用希望、信心、理想去對抗它」（1995h：274），沙特也一樣得去與之搏鬥，但它卻是無法征服的（同上：269）；〔C〕它最後勢必導引我們走向達達主義式的幻滅，而且是無從逃避的結果，連沙特也不能倖免。羅門「誤解」中的沙特與虛無的搏鬥／對抗意識，極可能「移植」自尼采。尼采曾將虛無主義分為兩大類：一類是表現創造性生命力

的「主動虛無主義」，為了增長生命力，而破壞、超越舊價值觀；另一類是由於生命力之衰頹，而企圖逃離舊價值觀的，充滿退化與病態的「被動虛無主義」。尼采認為後者才是我們必須抗爭與克服的對象（工藤綏夫著，李永熾譯，1994：148-149）。

羅門進一步說明了虛無的起源：人類陷入被機械文明摧毀得像廢墟般的精神困境，慾望助長了都市文明的風暴，朦蔽了諸多形上的存在思考；漠視這混亂的一切，人類選擇了形下的感官活動，「向虛無的世界進行一連串的逃亡！」（1995h：269）。這些逃亡者在不斷崩蹋的世界裡，失去把握未來的勇氣與能力，他們什麼也抓不穩，也抓不住什麼，「於是『虛無』不知不覺中成為他們生存的旗面，他們對付『虛無』所使用的武器仍是『*虛無*』」（同上：47）。可見這個所謂的「虛無」，傾向於「虛無世界」式的生存境況與地域，它兼具一種達達式的處世態度（即『*虛無*』），同時又形近尼采的「被動的虛無主義」。

這根本不是沙特的「néant」！

沙特的「néant」是一種源自此在本己的，積極且具有超越意義的「意識的否定作用」；而羅門所掌握到的「沙特的虛無精神」，卻是外來的空漠、幻滅、消極的「虛無世界」。這正是沙特的「néant」可能出軌的方向──達達主義式的虛無論。

令人困擾的是，羅門在同一篇論文中，接著又指出大多數現代人無法透過沙特式的虛無化，去「超越存在的困境」，反

而將「虛無」的不安性驅入慾望的瘋狂世界裡去，任其擴張任其騷動，最後形成一種充滿聲色犬馬的、絕望的迷亂感（1995h：273）。在另一篇〈現代人的悲劇精神與現代詩人〉中，他強調人類生存在這個世界裡，執住「自我」猛烈的衝力，試圖突破種種外在的規範與約束，以得到「無限的自由」而活著，終究還是面臨絕境，不得不步上虛無與消失一途（同上：50-51）。「超越存在的困境」以及突破規範去追求的「無限的自由」，都是 néant 的哲學基質，可是羅門又將它跟具有幻滅性的、現象論層次的「虛無世界」糾葛在一起，無法釐清。

　　就上述的現象來推斷，羅門企圖同時在本體論與現象論這兩個層面，整理出一套專屬於都市人的「現代虛無論」，所以他的虛無論糅合了局部的 néant 的哲學基質，以及作為主要結構的「虛無境界」，他的虛無思考已明顯傾向人類的生存論的處境／現象。至於前者，在羅門的存在思想中，與源自尼采的「悲劇精神」融合成一體。

　　「悲劇」（Tragödie）是一種古老的藝術形式，起源於「希臘人羊神合唱隊」（Greek Chorus of Satyrs），這個原始悲劇合唱隊表現了酒神戴奧尼索斯（Dionysus）的悲劇智慧；由於「希臘人特別易於感受細微的痛苦，他們也洞察了自然和歷史的破壞力量，可是，這些深奧的希臘人，卻藉這種合唱隊而自求安慰」（尼采著，劉崎譯，1993：53）。酒神的狂歡力量中帶有一種「遺忘素」（lethean），能把充滿苦惱的日

常世界遺忘／排除在戴奧尼索斯世界之外，讓祭典中的信徒感
受到生命的肯定意義，在悲劇中將至苦與極樂融合爲一。透過
悲劇的藝術感染力，才能將生存的厭煩轉變爲生存下去的想像
力。而在悲劇之中，代表非視覺音樂狂歡藝術的酒神，和代表
造型夢幻藝術的太陽神阿波羅（Apollo）這兩個對立體的融
合，成爲一個更高的統一體。悲劇就是在這個基礎上，發展出
對話的詩劇形式。悲劇不但吸收了祭典的音樂，後來又吸收了
悲劇神話及悲劇英雄，悲劇神話透過英雄人物的生命悲劇，透
過英雄的敗亡和事物的悲慘，把我們從塵世貪慾的追求中解救
出來，並提醒我們還有另一種存在和更高的快樂（同上：
138）。尼采賦予這種悲劇文化極高的期待：「以智慧取代科學
的地位」（同上：122）。

　　尼采在《偶像的黃昏》（*Götzen-dämmerung, 1889*）一書
中，對其處女作《悲劇的誕生》（*Geburt der Tragödie,
1872*）所描寫的悲劇精神有極扼要的表述：悲劇是對厭世觀的
否定與抗議，這種在無限狂歡中蘊含著強烈生存意志的酒神精
神，不是爲了擺脫恐懼和憐憫，也不是爲了通過猛烈的渲洩，
從一種危險的狂歡激情中淨化自己，而是爲了超越它們，以達
到生命永恆的喜悅（尼采著，王國維譯，梁結編，1995：
512）。尼采筆下的戴奧尼索斯精神，就是對生命的肯定，它透
過悲劇的藝術形式，以痛苦來洗淨人類的靈魂，將之提昇到更
高的境界。跟悲劇藝術不可分割的元素，就是非視覺藝術的音
樂，因爲「悲劇誕生於音樂精神」；所以具有酒神狂歡特質的

音樂，同時擁有淨化生命的力量。

尼采熱愛音樂，尤其德國音樂奇才華格納（Richard Wagner, 1813-1883）的作品。華格納建立了「總體藝術」（total art work）的概念，創立了「音樂戲劇」（music drama），綜合了浪漫時期（romantic）的夢幻性、國民樂派（Nationalistic Music）的民族觀，將種族政治、善惡情感、人神關係、初民傳說等元素重新配合，採用大編制管弦樂與合唱。華格納當時的某些作品表現了一種宏偉的沉醉的歡欣，啓發了尼采，在他腦海中激起酒神祭祀那種狂歡興奮之情。尼采批評當時德國的文化氛圍，認爲它像極了蘇格拉底所代表的毫無生氣的純理性的後期希臘文化，更指出只有華格納的樂劇可以拯救這個危機，並寄托了一個像悲劇精神般的藝術理想（陳鼓應，1996：20-22）。尼采這種賦予音樂「拯救時代及人心」之重責的想法，也是羅門共有的想法。羅門經常強調貝多芬（Ludwig van Beethoven, 1770-1827）的音樂力量，具有拯救沉淪世界、重整秩序的功能。在〈有一條永遠的路〉一詩中，他這麼描述貝多芬的音樂力量：

　　　社會　躲在屏風與面具裡吵

　　　…………

　　　商場　在鈔票與股票裡吵

　　　…………

　　　文化　在不同的層面裡吵

　　　…………

> 要不是貝多芬的音樂
>
> 從滿天的風聲雨聲市聲和人聲
>
> 　　　　穿越過來
>
> 　　將聲音重新調整好
>
> 使時間恢復原來的節奏
>
> 空間恢復原來的秩序　　（1995d：97-98）

這儼然是救世的福音，將象徵著諸多亂象的風雨聲和市井人聲調整好，重建盛世的秩序。而且「在貝多芬的音樂裡／有一條永遠的路／讓鳥能飛回剛展翅的地方／…………／人能真的回到人那裡去」（同上：99）；換言之，就是回歸到羅門所謂的「純我」，或海德格所謂的「本真結構」裡去。羅門甚至推崇貝多芬為全人類的「心靈世界的老管家」（同上：99）、「人類的第二位上帝」（1963：159）。

儘管他對音樂力量非常的重視，可他並沒有在這方面展開深層的論述。難道僅僅透過聽覺，就可以重整秩序、淨化心靈？他對這個負有重大使命的「貝多芬音樂」的了解如何？他只提供了許多感性的比喻，譬如「被樂音中那種不可抗拒的神祕的美感力量所制服，而順從於內心的那種無限的嚮往」（1995h：115）、「能繼續不斷地把握住生命向高處超昇、向遠處衝奔、向深處探進的力量，在新的富足、完美與成熟中去驚動我們」（1974：61），卻並沒有詳細的界說。

羅門在這環節的思考十分模糊、而且粗淺，可說只處於「構想」與「假設」的理論階段，如他真正去深入探索音樂的

本質及其功能，也許提供的可能是另一層次的說法。他對尼采悲劇精神的「續承」，不但沒有完成音樂力量與悲劇的結合，從悲劇的本體論層次來比較，也有相當的差異。

在羅門眼中，「存在永遠是一種悲劇」（1995h：251），而且「悲劇精神的思想，幾乎是繞著我詩創作的四大主題」（同上：183）。羅門首先將悲劇具體化為一道「牆」，無論詩人、藝術家、常人都離不開這道牆，連他本身的創作與論述，「大多迫現在這道悲劇性的『牆』裡」（同上：251）。尼采曾轉述過席勒（Friedrich Schiller, 1759-1805）對人羊神合唱團的價值評斷：「他把合唱團解釋為悲劇要與現實世界隔離，為要保留它的理想背景和詩歌自由精神而在它四周所豎立的一道活動的牆」（尼采著，劉崎譯，1993：51），這道牆包圍著整個存在世界。羅門則塑造出一道「雙面的牆」，視之為存在的一個基本結構，每一個此在都被納入這個結構當中。構成這道「牆」之兩面的是兩種相對的、互相調度著位置的存在力：生存與死亡、歡愉與痛苦、愛與恨、希望與絕望、悲觀與樂觀、實有與虛無、永恆與短暫……。人在牆裡，牆同時也是人的隱喻。沒有人可以背棄上述那些宿命不變的東西，也無法背離這些東西的勢力範圍，因為它們是構成人類生命基本實質與活動形態的東西（羅門，1995h：249-250）。

尼采在《悲劇的誕生》裡說：希臘人深刻地意識到人生的恐怖和可怕；為了能夠面對這種種人力無法抗拒的恐怖，他們不得不把奧林匹斯諸神的顯明幻想擺在面前，再藉著奧林匹斯

諸神在神話中的活動與作爲，（在心理上）克服各種自然界的可怕力量（尼采著，劉崎譯，1993：29-30）。羅門亦認爲悲劇源自人類對生存的懷疑與默想，以及因死亡的威脅而產生的惶恐、絕望和空漠感❸，而人類先後藉助神祇與形上思維，企圖超越此一困境，儘管一再感到乏力（羅門，1995h：49）。陳慧樺先生在〈論羅門的詩歌理論〉一文中指出：羅門的第一層悲劇觀大體上是從這裡推展而來的，並強調人必須擁有的「悲劇內容」，就是尼采所宣示的「生存的恐怖」。不同的是尼采認爲人類一旦了解到真理之後，即處處意識到生存的恐怖與荒謬，而羅門則認爲現代人的悲劇是他們「對生命一無所知」（周偉民、唐玲玲主編，1994：251-252）。這種對生命理解上的空洞，讓現代人墜入虛無之境，在悲劇的牆裡茫然地苟活著，無法像希臘人自苦難中超越。這個空洞，致使現代人崇拜物質、放縱於性慾，羅門強烈的道德批判意識，令他對現代人的沉淪不拔感到無比的悲痛，他將這種沉淪於物慾的生存趨勢，視爲現代人的「悲劇」。陳慧樺先生更認爲：這個「悲劇」帶有「悲慘」或「可悲」的形下定義，已脫離本體論層次，進入現象論的生存思考層面（同上：253）。

羅門在都市詩與戰爭詩中所表現的「現代人的生存悲劇」，大多傾向於現象論的定義，前者是二十世紀都市物質文明不斷的侵害，所形成的虛無感與幻滅感；後者是兩次世界大戰所導致的悲慘命運。人類從形上的靈境，被推落到形下的充斥著種種生存陷阱的非本真結構裡去，成爲一具具被環境主宰

的活體。這個現代悲劇有兩個力量的泉源：一是由不可抗拒的時空所形成的擊力，由上壓擊下來；一是由戰爭、死亡及現代物質文明帶來的動亂、不安與破滅感，由下仰擊上去；這兩股力量營造成的生存現象即是羅門所謂的「虛無世界」，所有的人類就被夾擊在中間，痛苦地活著。而他所界定的第一流的現代詩人，便是能把「現代現象」與「現代悲劇精神」串連起來，讓讀者看見都市人的靈魂如何在時空的絞架上喘息（羅門，1995h：46-65）。經由上述的分析，我們可以察覺到羅門所謂的「悲劇」，確實兼具本體論及現象論的雙重思考。問題是他在討論時往往糾纏不清，時而探討現象，時而探討本體，令人難以掌握。

其實最能充分呈現這個現象論層次——「深具悲劇性的虛無世界」——的展示場地，就是他的「現代都市」。羅門甚至經營了一座龐大的「都市文本」來展示它（詳見本論文第三章）。因為時空壓力會被農業社會所獨具的田園氛圍加以瓦解，即使一千年的農業生活也是輕度演化的，百姓們也沒有智力和學力去思考存在的問題。至於「戰爭」則屬非常態性或非常駐性的狀況，只是一種偶然的時空事件。但都市卻是一個激烈演化的文明空間，都市人因為學識能力提昇了思考能力，所承受的精神上的生存壓力自然遠較沉重。羅門在一九九〇年寫的〈都市心電圖〉一詩中，描述了時間與空間的被侵蝕狀況：

　　頭腦與電腦
　　將辦公室裡的時間與空間

> 　　　　想光
> 雙腳與車輛
> 　　將街道的時間與空間
> 　　　　　走光
> …………
> 心找不到時間與空間
> …………
> 世界空在那裡
> …………
> 一個上穿中裝下穿西褲的行人
> 　　匆忙從電烤店
> 　　　帶回雞心鴨心
> 　　　走進玻璃大廈　　（1995b：119-120）

都市人早已失去自由自主的心靈，被公式化的生活、重重的框形的壓力空間搾壓得透不過氣來，甚至被不同的生存要素所肢解，所以羅門急迫地大聲地呼吁：處於虛無世界中的都市人，必須產生尼采式的悲劇精神，把一切絕望與痛苦轉化入渾然的沉醉之境，不但不應讓它在我們的心靈中製造可怕的破碎的痛苦，反而應在我們平靜與深沉的感受中，產生一種高超的「美」的力量（1995h：272-273）。

　　最後，這種從現代生存時空的痛苦氛圍中昇華出來的，對生命抱持著肯定的、積極的、超越的悲劇精神，與前述的「現代虛無論」結合成羅門思想的主幹──屬於自為的此在，帶有

悲劇性及超越意義的「現代虛無精神」。它是超越了樂觀與悲觀精神之上、所架起的一個更高的精神的層次。

　　確立了羅門本身的「帶有悲劇性的現代虛無精神」之後，我們就可以透過這個準繩來檢視羅門對達達主義虛無論的批判。

　　「達達」（Dada）是一個反戰爭、反社會、破壞傳統制度與藝術形式的運動。達達主義者志在摧毀思想體制與社會結構，把頹廢之風散播到每個角落，與暴力示威等反社會行為劃上等號，且摒棄先知與未來，摒棄虛偽的道德規範，把資產階級視為不共戴天之仇敵。總之，反對一切、破壞一切、棄除一切，但並沒有建設，其本質為極端的虛無主義和無政府主義（何欣，1996：321-325）。羅門對達達抱持著十分嚴厲的批評態度，他覺得達達主義對一切事物進行著太過輕率且不負責任的否定，它悲觀地將無法再挽回的過去比喻成黑暗的墳墓，更把現在與未來導向絕望的境地；它是毀滅一切，同時自殺的虛無論者（羅門，1995h：66）。「達達」就是羅門的思想架構中，既消極又負面的「虛無論／虛無主義」的代稱，可它卻也是常人最易墜入的生存陷阱。

　　如前文所述，沙特虛無化的負面發展，就是一種無自律與自為的消極生活態度，而且最後走上達達的虛無之道。根據羅門的觀察，現代人在生存壓力下，已逐漸喪失把握自己命運的力量，唯有茫然地將未來交給充滿變數的生存處境去決定，形成一種新宿命論的傾向。再加上虛無論者不斷對世界進行否

定，最後造成一連串對厭世的逃避與苟活。尤其大多數現代都市人，他們的生命支柱不再是禱告、神旨或任何形上的道德力量，一旦他們的理性與道德自律能力被環境削弱，內在的動物性本能和慾望，就會衝開束縛如猛獸奔出，在都市物質文明的聲色叢林中，尋找感官的麻醉劑，成為一群追逐物質文明與吞食機械成品的人獸。他們沒有尼采的悲劇意識，面對挫敗與創傷時，用來「自療」痛苦的藥物便是錢與女人；雖然不能使他們真的得救，但卻可暫時止痛（1995h：48-59）。羅門的都市詩當中有許多針對此一現象的刻劃與批判，在此不贅，詳見第四章。

雖然沙特曾表示過存在是一種偶然，並由此延伸出世界的荒誕性與無根據性；但這些形上的存在哲學對存在的思考，一旦落實到常人身上，通常都會被扭曲。如卡繆（Albert Camus, 1913-1960）所強調的──面對荒謬的世界，其對應方法就是：以荒謬對付荒謬，也就是一種離經叛道的反叛，不再遵循現有的道德價值觀，必須採取荒謬的生活態度。其實踐的結果，亦可想而知。

羅門站在一個具有悲劇精神的現代虛無論的位置上，對達達式的虛無主義展開他那充滿憂患意識的道德批判，同時呼吁現代人必須像海德格心目中的英雄人物一樣──「在虛無中不斷追求實有，將人從無望中重新投入希望之中」（羅門，1995h：280）。這個強烈的道德批判意識，貫穿羅門極大部分的詩作與詩論，尤其都市詩。也因為這股對都市（第二自然）

的不滿，羅門提出了「第三自然」的超越境界。以「超越」的方式而言，它也是一種「虛無化」作用，不過僅僅是心靈的，而不付諸於行動。

第二節　從「第一自然」到「第三自然」的存在境界

　　羅門在《羅門創作大系》的總序〈我的詩觀與創作歷程〉中表示：詩人便是人類荒蕪與陰暗的內在世界的一位重要的救世主，並成為人類精神文明的一股永恆的昇力，將世人從「機械文明」與「極權專制」兩個鐵籠中解救出來，重新回歸大自然原本的生命結構，重溫風與鳥的自由（1995b：9-11）。所以「詩人」應該是一個具有正義感、是非感、良知良能與人道精神的人；他不但得關心人類的苦難，還要去解決人類精神與內心的貧窮，去豐富、美化人類的生命與萬物（同上：21）。這個強烈的道德使命感，讓羅門站在一個足以鳥瞰所有都市生存環節的高度，嚴厲地指證都市帶來的亂象與沉淪，希望透過詩的力量來力挽狂瀾。這個與羅門對話的生存空間，就是「第二自然」。

　　羅門對「第一自然」及「第二自然」的思考，都是以人類

生存狀態為本位，屬於形而下的現象論層次。他眼中的「第一自然」，是指「接近田園山水型的生存環境」，「第二自然」則是高科技的物質文明開拓出來的「都市型的生活環境」，兩者都是人類生存不能逃離的兩大現實性的主要空間（1995h：7）。從字面上來看，「接近田園山水型的生存環境」並非完整的純粹的大自然，而是一片經過人類耕作及建設的「田園」。這個田園在書寫心態上形近狄奧克里特士（Theocritus, 308-240 B.C.）所肇始，威吉爾（Vergil, 70-19 B.C.）所發揚光大的的「田園詩」（idylls）；其特徵就是利用一些田園的道具或裝備（"trappings" or "paraphernalia"；譬如森林、山川、草原、鳥類、綿羊），來創造一幅世外桃源般的小天地，跟醜惡的現實世界產生強烈的抗頡。這種田園詩可說是超時空的心靈庇護所，它將生存條件不斷簡單化以圖掙脫現實生活，正如安普森（William Empson）下的定義：「馭繁入簡的過程」（陳鵬翔撰，收入張錯、陳鵬翔編，1982：258）。

再進一步觀察，我們可以發現羅門筆下的「大自然」具有兩組重要元素或道具：（一）「山、水」——象徵著「視覺層次」的大自然，尤其羅門在描寫都市對自然景觀的割裂與吞噬之際，「山水」往往成為處於被害者地位的大自然代碼，在都市裡破破碎碎地出現。（二）「風、鳥」——譬喻著「感覺層次」的大自然內涵，風的逍遙與鳥的翱翔都是一種自由，它同時兼具行動意義的形下自由，以及心靈舒解的形上自由。這以人類的視覺和心靈為本位的兩大元素，促使羅門對「田園／第

一自然」的了解，偏向西方的田園詩；他以感性的「氣氛」為觀測點，抽離了牧人、農人或任何人類的活動，其實根本沒有任何人真正「生活」在其田園之中。他所謂的「生活」，指的是「視覺、聽覺與感覺」的綜合印象：「人類生活在田園寧靜的氣氛裡，視覺、聽覺與感覺所接觸到的一切，均是那麼的平靜、和諧、安定與完整；寧靜的自然界好像潛伏著一種永恆與久遠的力量，支持住我們的靈魂；而在都市化逐漸擴展的現代，我們活在緊張的生活氣氛中，視覺、聽覺與感覺所接觸到的一切，都是那麼的不安、失調、動盪與破碎；於動亂的都市裡，好像潛伏著一種變幻與短暫的力量，隨時都可能將我們的精神推入迷亂的困境」（1995h：81）。

由此可見，這個「寧靜」的田園最大的功能是在烘托出「不安」的都市。羅門構想中的田園是「理想中」的優質生存空間，它完全漠視現代農民在農產品行銷過程中的被剝削處境，風災水禍的疾苦等不安因素，更別提古代農業社會在政經體制下農奴般的劣境。

所以，羅門的「田園型的大自然生活空間」，是從現代都市人及詩人的視覺與心靈角度來定位的；在他眼裡田園是一望無際的遼闊，能使（都市）人進入寧靜、和諧與含有形而上性的「天人合一」自然觀之心境；有利於「悠然見南山」、「山色有無中」的偏向空靈的詩境之建立（1995h：95）。這些詩境的產生，卻又說明了陶淵明、王維在這個存在層面裡得不到心靈的滿足，隨著詩與藝術的力量，進入那無限地展現的內心

「第三自然」境界（同上：114）。羅門對「第一自然」的理解與經營大致如此。

　　所謂「第二自然」，即是都市生存空間。自愛迪生、瓦特發明了電氣設備，改變了人類生活型態，在那多暖夏涼、夜如白晝的大廈內部，人類對四季天候的感受完全異於田園，人際關係也日趨複雜（1995h：113）。其實它和第一自然都是「人為」的生存空間，兩者之間最大的分歧點就是電氣設備對生活感受的改變，進而影響到社會人際的關係；可見這個區分的著眼點在於「生活感受」，而不含任何哲學意義的考量。縱觀《羅門創作大系・（卷二）都市詩》中所錄的三十九首都市詩，全都屬於對「第二自然」的抨擊，都市在羅門眼中是「惡」的化身，所以詩裡展示的是都市文明的陰暗面，我們讀到的全是都市人的非本真結構，這裡幾乎沒有心靈自由或健全的人，「第二自然」根本就是形下悲劇與達達式虛無主義的載體（vehicle），更是羅門都市詩的真正書寫喻依和對話對象。

　　沙特在〈寫作是甚麼？〉一文中說過這麼一句話：「作家選擇了把世界特別是人顯露給他人以使人在那赤裸的對象之前，可以承擔完全的責任」（沙特著，劉大悲譯，1991：48）。這可以說是羅門書寫「第二自然」的用心所在－－讓都市人看清楚自身的生存心態以及醜惡的沉淪狀況，從啟示中自我反省，進而呼喚讀者／都市人去「承擔完全的責任」！如同沙特所說的：「一切文學作品都是呼喚。寫作就是呼喚讀者把作者藉語言所從事的啟示變為客觀的存在」（同上：69）。

除了道德意識所驅，羅門選擇與「第二自然」對話的重要因素之一，是他深刻地察覺到「都市詩」確是傳達這代人生活實況具有透視力與剖解實力的特殊詩型。因為「都市詩」一直在追蹤且掌握都市文明所不斷展現的「新力」、「新象」與「新境」，這對現代人尤其是現代詩人產生「官能」與「心態」雙向活動的特殊美感經驗，在這方面，確有重整與創新的無限功能，而有助於詩創作不斷向前推展與突破（1995h：133）。所以他企圖緊緊扣住「第二自然」這個對話者，以貫徹他的美學理念、道德批判、人道關懷、本體及現象論的存在思想。

況且當他與「第二自然」對話之際，即主動又被動地加速了詩歌語言的節奏，呈現與對象同等的脈動；這個都市化的閱讀節奏加上都市題材本身的不安與沉淪，所達致的第一層閱讀感受，即是另一次感覺的沉淪，之後才轉變成反省。這種被都市生活節奏「都市化」的文本，不會產生往「第三自然」心靈境界的昇華作用。倒頭來，讀者仍然受困於「第二自然」當中，閱讀著本身的現身情態。

我們暫且不論這些旨在抨擊都市文化的「道德文本」，是否真能將讀者心靈提昇到「第三自然」境界，但我們可以清楚讀到羅門對詩與藝術力量的信賴，而且他曾經說過「詩、藝術」是一切智慧的焦點，透過螺旋梯般的抽象過程，將人類從低卑的生存環境，提昇到「精神的頂峰世界」，找到真實的「自我」（1964：4-5）。也因而從上節所論述的虛無論中衍生

出「第三自然」的美學觀。

羅門深信「詩與藝術能將人類與一切提昇到『美』的顛峰境界」（1995b：242）。如果沒有詩，一切存在物體都將是構成現實世界的素材，大自然的山水在沒有構成任何意義的情況下兀自存在著；社會上各行各業的人，僅僅是拼組成現實生活世界的形下個體，談不上超越或任何生命境界，但詩卻可以賦予人一種把握存在的完美性與無限性的力量（1995h：4-5）。從這個角度來說，羅門的「詩」幾乎可以跟沙特的「意識」劃上等號。沙特認為：人是一個「顯露者」（revealer），「所謂顯露者是說人的意識活動把混然未分的宇宙，分化為形形色色的世界，沒有意識作用，就沒有山河大地、桌椅、玫瑰花之分，只有混沌未分的大塊」（沙特著，劉大悲譯，1991：61），而且「當我陶醉在景色之中時，我非常清楚不是我創造了這個景色，但是我也很清楚，如果沒有我的話，眼前這些樹木，這些花草，這大地之間所建立的關係，根本不會存在」（同上：76）。基於對「詩的功能」那股莫大的信賴（如同尼采對音樂力量的莫大信賴），羅門提出「第三自然」的美學理念❹。就動機而言，它類似沙特的「虛無化」，但不透過意識活動，改以「特定文本的閱讀」為昇華心靈的媒介。這些文本包括陶潛的〈飲酒詩〉和艾略特（Thomas Stearns Eliot, 1888-1965）的《荒原》（*The Waste Land, 1922*）等羅門經常例舉的詩作。

「第三自然」是詩人與藝術家超越了「第一自然」及「第

二自然」的有限境界與障礙，轉化到更純然與深遠的「存在之境」。由李白、杜甫、陶潛、王維、里爾克等人的靈視建構出來的「第三自然」，就等同於上帝所設造的「天國」（羅門，1995h：115）。換言之，都市人必須透過這些具有昇華能力的「特定文本」，來晉昇到「第三自然」的存在境界；而詩人的重大使命亦在此。羅門為「第三自然」的審美與昇華過程設計了一套「第三自然螺旋型架構」，更表示它透過不斷超越與昇華的創作生命，確已發現與重認到另一種永恆存在的形態，它是一種在瞬息萬變的存在環境中，不斷展現的、永遠不死的超越的存在。總而言之，它是一個「永恆的世界」（1995h：143）。

我們沒有必要在這裡繪製羅門為「第三自然螺旋形架構」製做的圖樣，真正有待分析的是這個創作思想的運作過程：「觀察」→「體認」→「感受」→「轉化」→「昇華」。且讓我們借助羅門的例證來檢視它的內涵。羅門在〈我的詩觀與創作歷程〉裡論及詩人創造「內心活動之路」時，援用了兩個例子。文中首先例舉了「當詩人看到一隻棄置於河邊的鞋」（1995b：3），經過一番從觀察到昇華的審美步驟，「顯示出存在的流落感與失落感，進而揭發時空與生命之間被割離的悲劇性」（同上：3）；接著他又以相同的審美模式去假設——「當詩人看到一隻棄置於荒野上的馬車輪，由於他的靈視能超越一般人只能看到的材料世界（只是一隻破馬車輪），進而透過詩中的「觀察」→「體認」→「感受」→「轉化」→「昇

華」，這一『內心的活動之路』，便深一層看到那隻馬車輪，竟是轉動萬物的輪子，也是一條無限地展現在茫茫時空中的路」（同上：3-4）──我們可以從輪子殘留的鏽痕和泥土，觀察到它通過無限時間與空間所留下的痕跡與聲音；而且在靈視的俯看下，被鞋子和輪子走過的「路」，勢必「引人類朝著茫茫的時空，走入了深深的『鄉愁』，因而觸及那含有悲劇性與震撼性的存在的思境」（同上：4）。

此外，羅門在〈打開我創作世界的五扇門〉一文中，也例舉了「馬車輪」的例子（1995h：5-6）；在〈「第三自然螺旋型架構」的創作理念〉則易之為「牛車輪」（1995h：118-119），但整體的敘述相同。這個多次例舉的，最具代表性的審美模式，儘管表面上的審美「術語」不同，但對審美事物的剖析角度與方式，卻與海德格對《農鞋》的審美詮釋是同出一徹的，其結果也一致；只是羅門將步驟繁化為五，而海德格貫徹為一。

海德格在一九三六年講演的〈藝術作品的本源〉一文中，例舉了梵谷的一幅題名為《農鞋》的油畫來說明藝術的特質：

> 從鞋具磨損的內部那黑洞洞的敞口中，凝聚著勞動步履的艱辛。這硬梆梆、沉甸甸的破舊農鞋裡，聚積著那寒風陡峭中邁動在一望無際的永遠單調的田隴上的步履的堅韌和滯緩。鞋皮上黏著濕潤而肥沃的泥土。暮色降臨，這雙鞋底在田野小徑上踽踽而行。在這鞋具裡，回響著大地無聲的召喚，顯示著大地對成熟的穀物的寧靜

的饋贈，表徵著大地在冬閒的荒蕪田野裡朦朧的冬天。
這鞋具浸透著對麵包的穩靠性的無怨無艾的焦慮，以及
那戰勝了貧困的無言的喜悅，隱含著分娩陣痛時的哆
嗦，死亡逼近時的戰慄。這器具（Zeug）屬於**大地**，它
在農婦的世界裡得到保存。…………，憑著可靠性
（Verlässlichkeit），這器具把農婦置入大地的無聲召
喚之中，憑可靠性，農婦才把握了她的世
界。…………，因為器具的可靠性才給這單樸的世界帶
來安全，保證了大地無限延展的自由。（海德格著，孫
周興譯，1994：15-16）

他亦指出，梵谷透過藝術的形式，將存有者的真理設置
（Setzen）於鞋中，把這雙鞋的存在境界完全敞開，於是「一
雙農鞋，在作品中走進了它的存有的光亮裡」（同上：17）。
它自我顯現了本身經歷過的一切在世的現實狀態與過程，以及
存在的本真結構。透過上述大段引文，我們可以讀出：「鞋」
→「大地」→「農婦」的思維延伸模式；對一雙農鞋的顯微式
觀察，開啓了它的存在真理，以及它與大地和農婦之間的存在
關係。這一切只有在成爲藝術品的器物，才會顯現出來；藝術
的功能就是讓真理自行置入作品當中，以一種具象的形態向我
們展示其真理的永恆性。

　　我們不得不認承：羅門的「第三自然螺旋型架構」的創作
理念對物體的審美結果，與海德格有相當程度的神似。兩者之
間極爲明顯的理念與方法的「傳承」關係，就是我們無需詳細

複述此一創作理念的主因。但羅門希望透過閱讀，讓在世的此在能從「第二自然」昇華到「第三自然」的存在境界，仍有許多有待克服的問題：【一】羅門在〈詩人與藝術家創造了存在的「第三自然」〉一文中，將「第三自然」視爲比第一及第二自然「更爲龐大與無限壯闊的自然」（1974：70），三者隱然存在著同樣屬於現象論層次的「空間性質」，只不過在「感覺上／視覺上」後者遠比前二者來得壯闊。他在〈打開我創作世界的五扇門〉中又說：當王維超越與昇華到這個物我兩忘的化境時，是「使有限的自我生命匯入大自然龐大的生命結構中」（1995h：7），換言之「第三自然」在心境上仍然「隸屬」於百分之百原始的大自然境界當中，類似返樸歸真的「真」。在同一篇文章裡，他不厭其煩地以「廣闊／遼闊」爲核心用詞，反覆形容「第三自然」的形貌：「宇宙萬物生命更龐大的生存空間」（同上：17）、「內心無限自由與廣闊的……」（同上：18）、「充滿美感的更爲真實與廣闊的……」（同上：18）、「內心無限自由與遼闊的……」（同上：18）、「在『第三自然』自由且廣闊的世界裡」（同上：19）、「內心中無限的自然」（同上：20）。從上述形容，我們所接受到的訊息偏向「廣闊的心理空間」，是「內在的心境」，是文本化了的一個境界。可是他又認爲人類的心靈必須先「進入」這個以「美」爲主體的「第三自然」，才能步入內在世界最後的階段，進而體悟到「人」、「自然」、「神」、「上帝」終歸存在於同一個完美且永恆的生命結構之中（同上：8）。它顯然兼

具「藝術境界」的內涵，同時又是一個「媒介／通道」，似乎又是本體論的終極境界。

【二】接照羅門的說法，「第三自然」是個由詩人與藝術家所創造的、以「美」為主體的、超越的存在境，它是個的「內心的天國」（1975：9）、「人類精神活動的佳境」（1975：19）、「更為龐大與無限壯闊的自然」(1995h：114)、「上帝的視境」（同上：114）、「無限地展開的內心境界」（同上：114）「無限地的『美』的境域」（同上：119）；陳慧樺先生認為它「即是主體的又是現象的，是內在的且又是超越的，是藝術的且又是本體的（上帝的、存在的）、是藝術境界（poetic world）且又是藝術品本身」（周偉民、唐玲玲主編，1994：257）。然而這個存在境界的昇華、超越作用，卻得透過「具有第三自然超越精神」的文本的閱讀。當讀者結束閱讀之後，他的「存在境界」是否已進入「第三自然」？或者又墜回現實的非本真結構當中？如果是後者，那麼這個透過閱讀來完成的昇華作用是暫時性的，立刻失去它的價值。如果是持久性、永續性的，可是它並沒有導引「讀者／被昇華者」對生命做出任何行動上的決策（「第三自然螺旋型架構」較傾向於藝術創作和鑒賞能力的提昇）。而且它是一種必須透過詩與藝術品的「被動的虛無化」，即使已晉身此境，但這種彷彿參禪般的入定狀態，將如何應對現實生存環境裡的種種問題？羅門的論述方向卻一昧導入藝術創作的層面，對本體論及生存論的思考十分欠缺，無法讓失去自我的此在重返到本

真結構。

　　雖然「第三自然」理念存在著不少問題，但它卻能讓我們體會到羅門面對陷入非本真結構中的都市人時，所觸發的強大道德動力與思考方向；他企圖透過「詩」的力量，將這些「常人」從生存的困境中救出來。「第三自然」在思維架構上沿襲了沙特的「虛無化」理想，與其他理念相同的美學家、哲學家一樣，他力圖營造另一個存在境界，以掙脫這個黏滯的現實世界。我們可以這麼說：「詩」就是羅門的宗教，「第三自然」就是他的文化／藝術天堂。在羅門存在思想中，「第三自然」是必須處理的一個重要環節。

小　　結

　　透過本章的層層剖析與梳理，我們已大致廓清羅門從本體論到現象論層次的存在思想。他以沙特的「虛無」為主幹，在影響的焦慮裡，因理解與誤解將「虛無」分化為二：

　　〔一〕充滿幻滅感的消極的「達達式虛無主義」，它是都市人／常人最典型的生存態度與方式，在羅門詩中處於被抨擊的靶心；〔二〕蛻變自沙特的「現代虛無論」，他進一步結合了尼采的悲劇精神，融鑄成一種兼具本體與現象意義的「帶有悲劇性的現代虛無精神」，它屬於自為的存在觀，有一定的積

極意義。

　　基於內心強大的道德意識使然，在結合本體論的形上思考與被物慾統治的現象世界之際，羅門對沙特的虛無論及尼采的悲劇精神，在理解與掌握上，難免較偏向現象論的探索，而且其中亦有不夠周圓縝密之處，但這種「帶有悲劇性的現代虛無精神」卻貫穿羅門數十年的思考與創作，進而發展出「第三自然」的存在觀；以及企圖將讀者的心靈昇華、導引向「第三自然」存在境界的「第三自然螺旋型架構」美學理論。可是在創作方面，羅門卻投注了更大比例的心力在與「第二自然」的對話上，所以我們所讀到的羅門都市詩，現象論的成分高於本體論，他完成了對都市及都市人陰暗面的鞭韃。不過僅就台灣詩史的角度來考量，羅門這套以「帶有悲劇性的現代虛無精神」為骨架的「第三自然」創作理念，仍然堪稱成一家之言。

【註釋】：

❶ Dasein 是德國古典哲學固有的概念／術語，康德（Immanuel Kant, 1724-1804）界定它為自然事物的存在，與人類的意識活動區分開來；雖然到了黑格爾（G. W. F. Hegel, 1770-1831）手中，它仍舊被界定成外在於人體與意識本質的自然事物的存在，但黑格爾卻賦予它「絕對」的意涵：它即是「有限性及變化性」的存在。這種潛在的自我否定與變化性的本質，讓 Dasein 從「自在的存在」過渡到

「自我的存在」，為未來的存在主義的「此在」觀念，完成了大體上的理論準備。Dasein 到了海德格的存在主義的思想體系裡，起了革命性的變化：他認為只有人類才能夠反省 → 理解 → 領悟到自己的存在，並把握住自己的存在意義，進而展示出存在的本體性結構；可是其他不具此一反省能力的動植物和非生命物質不能如此。所以他對存在的領悟，就成為「此在」的哲學界定。從這個存在的自我意識的角度，便明確地區分了一般自然事物的「存在」和具有本體論上優先地位的人類的「此在」。也就是說 Dasein 在海德格的理解中，指的僅僅是「人的存在」。

❷在中譯本的《影響的焦慮》一書中，譯者徐文博將「clinamen」音譯成「克里納門」，布魯姆在原書緒論（p.14）及第一章（pp.41-45）中說明此術語借用自 Lucretius 的著作，本義指的是「原子的偏移」（"swerved" of the atoms），盡可能使宇宙產生某些變化。一個詩人「偏移」他的前驅（precursor），即通過有意的誤讀前驅的詩篇，以引起相對於這首詩的「克里納門」。這是詩人本身的一種「矯正運動」（corrective movement），它表示當前驅的詩篇到達某個點之後，應該沿著新著詩篇的運作而「偏移」其方向（Harold Bloom, 1973：14）。故本論文將「clinamen」意譯為「偏移」。

❸羅門筆下的「死亡」有三種意義：（一）戰爭對生命的摧殘；（二）生命自然或必然的終結；（三）心靈之死。第一種不在我們的論述範圍內，第二種是針對人的普遍心理而談的，羅門認為人類對生命在時間裡的終結抱持著一份恐懼，即使活著也只是無可奈何

地在等待死亡，沉默地忍受著生命的破滅（1995h：46）。我們姑且不論這種時間意義的死亡威脅，對終日為生活而勞碌的人們而言，究竟是一件不斷牽掛或不予思索的事？但它畢竟在羅門的論文及「非都市詩」中多次浮現，不得不正視。可它的面目卻相當模糊，沒有理論架構，深度亦遠遠不及對「悲劇」與「虛無」的探索，所以在此不深入討論。至於在許多「都市詩」中所論及的死亡，極大部分屬於第三種，它並非肉身之死，而是心靈的破滅與沉淪，

❹陳慧樺先生在〈論羅門的詩歌理論〉（周偉民、唐玲玲主編，1994：247-264）一文中，對羅門的「第三自然」與施友忠的「二度和諧」之間的影響關係，有深入的探討。至於「二度和諧」的理論架構，可參閱《二度和諧及其他》（施友忠，1976：63-114）。此外，周偉民與唐玲玲在《日月的雙軌——羅門．蓉子創作世界評介》一書中，曾指出康德在《判斷力批判》（*Kritik der Urteilskraft, 1790*）（上卷），提出美學的第三自然的觀念。康德認為整個第三自然界，都是「由一種想像力的媒介超過了經驗的界限」。接著他倆又論及中國大陸詩人公木的「第三自然界」，及其受高爾基《文化觀》影響的部分（周偉民、唐玲玲合著，1991：181-183）。在本論文以「存在思想」為主的論述架構當中，對羅門「第三自然」美學觀的獨創性與影響問題，上述諸位學者已撰文深論，所以在此不再贅述。

第三章　都市的空間結構與內涵

前　言

在正式進入羅門都市詩的論述之前，首先，我們必須解決一個關鍵的問題：羅門在都市詩當中極少明確指出其都市的位址，究竟是普遍意義的，或者是有明顯指涉對象的都市？我們可以從諸多都市社會學的研究成果中發現，不同的都市有不同的發展模式、族群結構、消費趨勢和社會問題；簡而言之，每座都市都有它自己的景觀文化與性格。如果羅門文本中的都市沒有暗設的位址，許多針對現象的批評勢必而落空，失去對象的批評只是一種「想像」，無法構成「反映」；將「都市」一詞普遍化、概念化，以求「適用」於所有的都市，其結果非但無法探究都市文化的本質，甚至整個書寫將流於空談。

在羅門討論都市詩的論文〈都市與都市詩〉當中，我們獲得這兩則重要訊息：

> 由於作家要跳離自己真實存在的處境來創作，往往像站在太陽光下，想跳離自己影子一樣困難。因此，住在「都市」裡的詩人，寫同「都市」生活感受有關的詩，是自

　　　　然甚至是必然的創作行為，因而提供給詩人寫「都市詩」
　　　　的「都市」，便也顯然是給詩人表現現代人生命思想與
　　　　精神活動，形態較具前衛性、劇變性與創新性的創作舞
　　　　臺。　　（1995b：40）

　　　　在談論「都市詩」之前，首先應了解那做為詩人創作「都
　　　　市詩」的場所──「都市」之真貌。　　（1995b：41）

很明顯的，羅門絕對沒有跳離他真實存在的處境（台北盆地）；
所以，「住在『台北』裡的『羅門』，寫同『台北』生活感受
有關的詩，是自然甚至是必然的創作行為」！因而提供給詩人
寫「都市詩」的「台北」，便是給羅門的創作舞臺與場所。論
證至此，羅門筆下的都市「真貌」已被我們充分掌握──即是
「台北」。儘管羅門文本中都市的指涉再模糊，我們都有理由
相信羅門必然是以他成家後居住了四十餘年的台北市為敘述藍
圖，因為這塊土地是他最能夠長期地深入觀察的對象。確認了
羅門文本裡的都市位址之後，我們才能將它安置在現實都市的
對照面，檢視它對四十年來整個台北都會的發展，所完成的平
行的歷史聯繫，以及詩語言與社會動脈之間的共時態關係研
究。

　　　　一九五七年，羅門發表第一首都市詩──僅僅七行的〈城
裡的人〉。雖然這首詩只是一片單薄的掠影，但其中蘊藏著許
多值得探討的訊息：

　　　　他們的腦部是近代最繁華的車站，

　　有許多行車路線通入地獄與天堂，

　　那閃動的眼睛是車燈，

　　隨時照見惡魔與天使的臉。

　　他們擠在城裡，

　　如擠在一隻開往珍珠港去的「唯利」號大船上，

　　慾望是未納稅的私貨，良心是嚴正的關員。

（1958：45）

「城裡的人」這四個字隱含了「城外」的對比意味，羅門的發言位置彷彿在城鄉的邊界，將他所目睹與了解的「城裡」生活情態向鄉人訴說，一如五〇年代從台北返鄉的遊子向鄉親描述台北的繁華。「城」是個古老的字眼，最傳統的指涉範圍乃古代城牆內的生活圈，具有政經功能的「城」是鄉野農村的壓搾者與統治者；羅門使用「城裡」一詞，暴露了他置身「城外」的敘述位置與距離，城裡的一切只是批判的對象。從另個角度而言，當時的羅門所懷抱著的，是弱勢鄉土中國面對強勢都市文明的錯縱情感：既畏懼地排拒，但又身不由己的投奔過去。

　　對當時初具都市規模的台北在羅門眼中是一座「危城」。他首先敏銳地指出，台北人在迎向初步工業化之際，工作與生活當中首要面對的是大量的訊息，所以「他們的腦部是近代最繁華的車站」，可是繁華的內部卻「有許多行車路線通入地獄與天堂」，巨大流量的訊息本身包含了正負面的成分──情色

文化的消費知訊與龐沛的科技工商知識。對從純樸農業社會踏進都市的城市人而言，它們正如「惡魔與天使的臉」，而那流水般穿梭於「車站」（腦部）的「車燈」（誘因），不斷引誘他們的心，搭乘前者則通入沉淪酒色與各種非法行徑的「地獄」，選擇後者就通入「天堂」。台北人擠身於社會變動的最前線，在道德的關卡之前，「慾望是未納稅的私貨，良心是嚴正的關員」，這是一種道德與良知的痛苦掙扎，更明顯的是：他們只是一個如車站般的悲劇性受體，完全失去主動性與自由，與其說是面臨抉擇，不如說是在堅守著瀕臨崩潰的道德防線。這座城被喻爲「開往珍珠港去的『唯利』號大船」，在在說明了他們義無反顧的努力方向；在邁向大都會的經濟成長路上，羅門對道德防線充滿危機意識。

　　對一九五七年台北人的現身情態的刻劃，可以視爲羅門對情慾批判的「起點」，他們對「慾望」的誘因仍然處於掙扎的狀態，道德防線依然健在。另一首同時期的〈夜城的喪曲〉則描寫了城裡的淫亂夜生活：

> 那座喝醉的夜城
>
> 總在淫亂之後突然死在十字架的陰影下　　（1958：47）

這僅僅是印象式的描繪，「醉酒」和「淫亂」等字眼不足以構成「喪曲」的內容；顯然羅門對城裡的夜生活缺乏真實的觀察與了解。在這兩早期的首短詩裡，我們無法讀出城市的規模，但簡短的敘述已具備出未來的都市詩的寫作雛型與思考的向

度。

在一九六一年發表的百行長詩〈都市之死〉，是羅門首次大規模書寫／抨擊都市本質的詩作，也是《羅門創作大系·（卷二）都市詩》的開卷之作，儼然在暗示──它才是羅門恢宏的都市詩創作生涯的「開山之作」❶。羅門用這兩句楔子掀開序幕：

> 都市　你的牆
>
> 快要高過上帝的天國了　　（1963：79）

從「城裡」到「都市」，意味著三個轉變：【一】羅門眼中的台北已經從傳統角色的「城邦」升格爲現代功能的「都市」，此後羅門一直使用「都市」這個稱謂，除了幾處不重要的景場敘述及應詩句節奏之需求而用「城」字以外，「都市」通常是經羅門擬人化的詰問對象；【二】羅門的敘述位置從談論城裡現象的旁觀者，位移到身置其中的抨擊者，對都市現象的握掌更具真實感；【三】從描述一座「七行」的城，到與整座龐大的「百行」大都市對話，無論氣勢上的雄渾（the sublime），或觀點上的層次與力度，都是一次「大躍進」。

可見〈城裡的人〉和〈夜城的喪曲〉只是羅門信手之作，〈都市之死〉才是雄心萬丈的「都市主題」之序幕，同時也是在他未來四十年的都市詩創作中，衍生出無數繁複命題，雖百變卻不離其宗的「原型」（archetype）。本章就〈都市之死〉及其後的都市詩爲例，分別論述：【一】羅門在文本中苦心經

營的、充滿「雄渾」氣象的修辭策略；【二】充滿「黏滯感」
（visqueux），並造成重重「視界封閉」的「方形」生存空間；
【三】在超荷的工作及生活壓力下，心靈對「自由」的渴望，
以及應對生存壓力的逃逸方式。

第一節　「雄渾」：都市的氣象

　　The sublime 是一個古老的美學觀念，在中文裡先後被王
國維吸受轉化成「宏壯」、被朱光潛譯作「雄偉」、梁宗岱譯
成「崇高」，陳慧樺先生和王建元先生先後借用「雄偉」和司
空圖廿四品之一的「雄渾」來作中譯名稱，並詳加論證❷。作
爲一項原創性美學的「雄渾」（the sublime），約在公元一
世紀左右由希臘美學家朗占納斯（Longinus）在〈論雄渾〉（*On
the Sublime*）中提出。他在論文的第八節指出雄渾的五個來
源，其中最重要的是第一種「形成偉大觀念的能力」（power of
forming great conception），其次是「熾烈且具有靈感的情
感」（vehement and inspired passion），這兩種都是與生
俱來，源自於作者靈魂的深處；其餘三種可以技求得來的是：
「比喻之運用」（formation of figures）、「崇高的辭彙」
（noble diction）、「遣詞用字的昇華」（dignified and elevated

composition）（Hazard Adams ed., 1971：80）。雖然朗氏強調「雄渾即是偉大心靈的迴響」（sublimity is the echo of a great soul；同上：81），但他在論文中用了極大的篇幅來解說以演說風格爲重的「修辭雄渾」（the rhetorical sublime），以及如何用這股無以抗拒的力量去統馭聽眾；他在第三十五節論及「自然雄渾」（the natural sublime），他認爲人類面對宏大的自然景象時所產生的狂喜感，是其天性使然。

這個美學觀沉寂了十五個世紀之後，由法國人布瓦洛（Nicolas Boileau-Despreaux, 1636-1711）在一六七四年譯成法文再度受到重視。先是英國人丹尼斯（Joseph Dennis, 1657-1734）結合了雄渾本質與情緒反應加以拓展，並以欽羨、恐怖、戰慄、歡愉、憂傷和慾望等六種「狂熱的情感」（enthusiasm）擴充了雄渾的境界，並稱它爲「可怕的愉快」（terrible joy）或「怡人的恐懼」（delightful horror），這些足以激發內心至烈情感的因素，都是「雄渾」經驗的根源。其後柏克（Edmund Burke, 1729-1797）將激起痛苦和危險的觀念一併融鑄在雄渾觀裡，並指出雄渾建基於痛苦。之後康德（Immanuel Kant, 1724-1804）將一切雄渾感的來源納入人類主體，並把它定義爲只能單獨跟自身比較的雄渾，而且是一種主體面對客體巨大體積與動能壓力下，所產生的具有超越性的主觀思維能力；他更進一步的把它區分成以數量觀念對客體之

體積作主觀邏輯判斷的「數理雄渾」（the mathematically sublime；如鳥飛絕的「千山」與人蹤滅的「萬徑」）以及精神和氣魄雄渾得不受任何障礙物阻撓的「動力雄渾」（the dynamically sublime，像「大風起兮雲飛揚」等暴雨狂雷的景象）；後來叔本華（Arthur Schopenhauer, 1788-1860）指出雄渾可以讓觀者處於精神的溢揚狀態，進而產生超越意識，並晉入昇華的境界❸。

朱光潛對康德的「雄偉（渾）」有十分精辟的詮釋：

> 在對著「雄偉」事物時，我們第一步是驚，第二步是喜；
> 第一步因物的偉大而有意、無意地反映出自己的渺小；
> 第二步因物的偉大而有意、無意地幻覺到自己的偉大。
> 第一步心情就是康德所說的「霎時的抗拒」，它帶有幾
> 分痛感。第二步心情本已欣喜，加以得著霎時痛感的搏
> 擊反映，於是更顯得濃厚。山的巍峨，海的浩蕩，在第
> 一眼看時，都給我們若干的震驚。但不須史間，我們的
> 心靈便完全為山、海的印象佔領住，於是彷彿自覺也有
> 一種巍峨、浩蕩的氣概了。　　（1994：243）

他同時強調，人類主體面對這個雄偉（渾）的客體時，其所產生的震攝力量源自主體本身的渺小意識，而且這種雄偉「大半是突如其來的，含有幾分不可了解性的。心靈驟然和它接觸，在倉皇之中，不免窮於應付」（同上：243）；康德所說的「霎時的抗拒」，即出於這種突然性。羅門的都市詩，便常見這種

突如其來的雄渾詩句，以及整首詩在氣勢及題材方面經營到雄渾的高度。

在前文所引的〈都市之死〉的兩句楔子裡，都市呈現的是令人擔憂的高度，這個「高度」表面上指的是硬體（建築物）的高度：「建築物的層次　托住人們的視野」（1963：81）。像巨大的神，高樓的「不可測量」（immeasurable）令仰望的人相形之下更為渺小，然而這渺小的仰望便不由自主的被雄渾的力量「托」起；對習慣與地平線和諧交融的農業社會視野而言，割裂著天空的高樓景象會形成一種壓迫感與恐懼感，它的體積與高度對視覺的猛烈衝擊，令內心感生一種不可抗拒，但又想抗拒的雄渾感，即康德所謂的「霎時的抗拒」。然而這股攝服力又轉變成嘆為觀止的喜悅，就是都市人對事業的最初且最浪漫的憧憬，對這分憧憬的追尋足以讓道德和信仰淪喪於一旦，所以象徵著道德規範力量與心靈淨土的「上帝的天國」就越來越遠了。然而，當他們深入了解、體驗到高樓所代表的商業力量，以及它對上班族的前途、命運的宰制力，權力的高度便成為建築物真正的內涵，上班族便對此高矗建築產生驚嘆、恐懼、憂慮與悲鳴。

所以「都市　你的牆」（1963：79）是已侵蝕到天空深處的硬體建築，而天空是都市裡唯一的大自然光景；由無數硬體建築組構而成的「牆」，就是物質文明的座標，將都市人團團圍起，並誘導他們道德信仰的出軌。這一切，真的「快要高過

上帝的天國了」（同上：79）。

　　這首詩在第二、三節展開了氣魄宏大的敘述，將議題緊扣在慾望的沉淪與教堂意象的崩潰之間，讓崇高的在瞬間崩蹋、讓神聖的遭受污染、讓在物質世界裡巡狩獵物的眼瞳炯炯如鷹目，拔地而起，仰衝到失去道德規範的、物質文明的高空：

> 在這裡　　上帝已死　　神父以聖經遮目睡去
>
> 　　凡是禁地都成為市集
>
> 　　凡是眼睛都成為藍空裡的鷹目　　（同上：81）

在乍伏乍起的氣勢變化、忽而道消忽而邪長的衝擊裡，我們感受到一股無比巨大的沉痛，連「上帝」這個最有效的道德規範力量都崩潰了，淪喪的道德防線再也守不住肉體的禁區，慾望雲集於此，為所欲為，獵所欲獵。不僅如此，連神（宗教）本身亦失去了對教義的信心，以及約束世人行為的信心，充滿急躁的無力感：「那神是不信神的　　那神較海還不安」（同上：83）。宗教的力量非但無法拯救沉淪聲色的靈魂，甚至連聖物也喪失了象徵意義，「十字架便只好用來閃爍那半露的胸脯」（同上：83），聖物淪為為「禁地」的裝飾品，使禁地更誘人。最後「神再也抓不穩建築物高昂的斜度」（同上：87），從都市人的仰視中垮下來，人對神／上帝的信仰終於瓦解！

　　羅門巧地運用「宗教」和「慾望」這兩個宏大的母題，令前者在他的憂患意識中不停地龜裂，而後者則在我們的惶恐裡不斷鯨吞都市。強裂的反諷力量反覆控訴著都市，「宗教」與

「慾望」這兩個人類文明巨大的符號在文本中起了重大衝突，而且是正不勝邪的急速消長。現代都市人的精神狀態已近似一群困獸，急著要衝出理性與道德的欄柵，回到原始的慾望裡去，連神也被踩死在那暴躁的蹄下（1964：8）。所以都市在羅門眼中成了一頭「偷吃生命不露傷口的無面獸」（1963：85）、一具「不生容貌的粗陋的腸胃　消化著神的筋骨」（同上：85）。都市對人性可怕的侵蝕，是無孔不入、無聲無息又不著痕跡的！以致所有的「頭顱在黑暗裡交接著相同的悲劇」（同上：86）。「都市」成為邪惡力量的洪流在咆哮，而「生命」和「神」皆陷入滅頂的危機當中，詩裡行間激盪著巨大的不安，以及濃厚的「死亡」氣息。

　　「死亡」在這裡所指的並非形下的「肉身之死」，而是被慾望所割裂的「性靈之死」，「是一種較肉體之死，更為徹底且可怕的死，是屬於內在的『人』的根本之死」（1974：17）。即然「上帝已死」，都市文明在羅門的理解範圍內，陷入完全的黑暗，充滿性靈之死的幻滅、頹敗感：

　　　　誰也不知道太陽在那一天會死去

　　　　人們伏在重疊的底片上　再也叫不出自己　　（同上：82）

　　　　死亡站在老太陽的座車上

　　　　　　向響或不響的事物默呼

　　　　　　向醒或不醒的世界低喊　（同上：84）

羅門將死亡提昇到「太陽」的高度，因為象徵著性靈之光的太

陽已垂垂老矣，死亡輕易地篡奪了祂的座車，將陰影籠罩著沉溺於物慾和性慾的都市人，大家過著茫然、麻醉的虛幻時光，任由時針那「仁慈且敏捷的絞架」（同上：85），將生命不自覺地耗盡。在這都市的「死」境裡，心靈和道德的生還確實不易，目睹都市文明對純樸人性的踐踏，羅門心中萌起了拯救的意識，然而神已敗退，還有誰擁有先秦諸子的救世勇氣與魄力？既然沒有人可以從頹敗與沉淪中振作起來，更沒有人能夠抗拒那誘人的物質磁場！人性在都市的物質洪流中不能自主地浮沉流轉，悲劇性的現身情態是無法自拔的泥淖，逐一「死在食盤裡　死在煙灰缸裡／死在埃爾佛的鐵塔下」（同上：87），結果都市人全死在文明過量的興奮劑裡頭。羅門絕望地捶擊著都市這具「裝滿了走動的死亡」（同上：87）的「彫花的棺」（同上：87）。

　　魔鬼化的都市內涵，一如丹尼斯和柏克對雄渾所抱持的恐懼與危險質素的觀點，因為它那無可抗拒的、巨大的道德腐蝕力量，令羅門對它產生彷彿面對魔鬼與暴龍般的恐懼與憂患意識，都市在詩人收縮的瞳孔中不禁雄渾起來。雖然他沒有拯救亂世的力量，但他卻表現出一股源自內心焦慮的道德批判勇氣，宣判「都市之死」，以及「上帝已死」，這讓我們不禁聯想到尼采。

　　尼采所謂的「上帝」具有雙重的指涉：一是指基督教裡的上帝，一是純粹的、至高至善的形上哲學意義的符徵。為了更

具體而有效地抨擊腐朽的舊道德，尼采以基督教的「上帝」作為靶子。十九世紀的西方社會，宗教已完全世俗化，淪為神職人員搜刮利益的工具。原來「上帝」象徵著的道德規範已失效，對人的精神也沒有啟發力量，人的價值嚴重腐化，揭開文明的底層，就暴露出頹廢與怨恨的色彩，所以尼采在《查拉圖士特拉如是說》（*Thus Spoke Zarathustra, 1883*）第一部中宣判「上帝已死」，接著在《反基督》（*Der Antichirst, 1894*）一書中從歷史的觀點剖析、批判基督教的道德觀，並指出「上帝的概念是僞造的」（尼采著，劉崎譯，1994：76），而且它已「變成了那些教士煽動家手中的工具」（同上：76）。他一方面終結了對「形下的世界」充滿怨恨（怨恨它的混亂、破碎、有限、幻變、痛苦、矛盾和鬥爭），而急著建立／虛構一個至善至美、永恆不變的「真實世界」（true world）的西方傳統形上學；一方面要重估價值（transvaluation），重新檢討西方社會依靠基督教力量建立起來的道德。

面對充滿悲劇的形下世界，尼采選擇了強者生命形態，來活存於現實世界；羅門則選擇了單向的批判與揭露，人的活動與意識也是單向的沉淪，大致達成「揭開文明的底層，暴露出頹廢與怨恨的色彩」的創作意圖（intention）。然而相對於尼采對基督教本質上的否定，羅門在〈都市之死〉一詩中，肯定了基督教的價值，並視之為道德規範的力量，所以一但它失去效力，就產生諸多亂象。而羅門也明白道出他寫此詩的目的，

是「針對人類所面臨的生存危機與精神上的『死』症，提出了警示性的批判與指控」（1974：179），「因為人日漸被壓在物慾世界之下，有逐漸被物化成文明動物的可能，而提出警示的，並非真的判下都市的死罪」（1989：203-204）。他之所以要逼使都市迎頭撞擊性靈的「死亡」問題，是因為他堅信：「生命最大的迴聲，是碰上死亡才響的」（1969a：73），只有在這個處境之下，都市人才會認真地省視自我及道德的淪喪現象（「死症」）。

所以我們不能侈望他像尼采一樣「重估價值」，或重新檢討現代社會的道德。我們的關注點，應該鎖定在他透過詩來展現的宏大企圖、雄渾氣魄，以及過人的道德批判勇氣——正如朗占納斯在討論雄渾觀時，「常常關注的是作者必須有個兼容並蓄的靈魂」（陳慧樺，1976：160）。「兼容並蓄的靈魂」才是〈都市之死〉所以雄渾的根源，因為「雄渾即是偉大心靈的迴響」（Hazard Adams ed., 1971：81）。

從修辭的角度來看這首詩，「宗教」與「慾望」這兩個宏大母題在文本之中，非但有十分繁複且完整的詮釋，羅門正氣磅礴的敘述手法，更有推波助瀾之效：

　　在這裡　腳步是不載運靈魂的　也踢不出美學
　　在這裡　上帝已死　神父以聖經遮目睡去
　　　　　凡是禁地都成為市集
　　　　　凡是眼睛都成為藍空裡的鷹目

　　如行車抓住馬路急馳

　　人們也拉緊自己的風帆一樣換向的影子急行

　　　　在來不及看的變動裡看

　　　　在來不及想的迴旋裡想

　　　　在來不及死的時刻裡死　　　（1963：81）

「在這裡」，短促而有力的三個字，將其後的四句詩聚焦在同
一個批判位置，兩組「凡是」則拓寬了格局，所有的肉軀與道
德的禁地皆淪爲魔爪的市集，所有眼神泛著巡狩著獵物的饑渴
淫光！必要的誇張在一氣呵成的句子裡加深了抨擊力量，後五
行的快節奏語言更延長了氣勢；三組「來不及」的類疊修辭法
堆疊出層層深化的閱讀感，從對外界急速變動的眼花撩亂到思
維的無力招架，乃至於精神的全面崩裂，讓讀者一口氣照單全
收！連綿且滔滔不絕的諫言，將龐大的議題和「崇高的辭彙」
（靈魂、美學、上帝、聖經、鷹目、藍空、死）急速的逼進讀
者腦海當中，不斷「變動」、不斷「迴旋」，在沉痛裡急速地
昇華。這股綿密而浩瀚的意象構成一幅「汪洋氣象」
（panorama），彷彿一篇滔滔不絕的說書，這就是朗占納斯以
演說風格爲討論對象的「修辭雄渾」之範例。

　　　寫於一九六七年的〈紐約〉，代表羅門另一種雄渾書寫策
略。詩的第一段則換上簡短的句形，語氣平淡地刻劃帝國大廈
的雄渾感：

　　天國那邊下著雨

　帝國大廈將天空

　　撐開成一把傘　　（1969a：64）

這四句詩必須先從雨勢開始解讀。雨勢在文本中沒有明確的規模，它主要扮演「天國」與「帝國（大廈）」之間的對峙媒體。「天國那邊下著雨」，在沒有音節頓挫的陳述中，天國和雨都不具聲勢。但經由帝國大廈「將天空撐開成一把傘」的動作，立刻撐開了氣勢──對內，這把傘擁有躲得下整個紐約的容量，烘托出帝國大廈足以與天國抗禮的「數理雄渾」；對外，它則暗示了雨勢非同小可，必須撐開與天空同等規模的傘，方才足以對抗，而「天國」的規模隨著雨勢亦宏大起來，形成另一個「數理雄渾」的客體。如果我們將畫面轉換成一片鄉野平原，雨景的恢宏氣象必然是雨勢本身，可是在這高樓林立的現代都市，在大雨中頂天立地的是帝國大廈，它才是雄渾的根源。

　　我們可以將「天國」視爲大自然的力量根源（因爲大雨由此處降臨），「帝國大廈」則是都市文明的隱喻，它是整個商業帝國最高的象徵，「將天空撐開」是它力量的表現。透過「雨」這個角力場，我們感受到大自然力量和都市文明力量的近身搏鬥所產生的雄渾感，其中卻隱隱埋藏著羅門對後者的禮讚。這個訊息在詩的第二段就毫不保留的鋪展開來：

　　要想把海樹起來看

　　　請去看帝國大廈

　　要想把海旋起來看

> 請用眼睛旋轉帝國大廈的看台
>
> 要想把腳步築在最軟的雲上
>
> 請將眼睛從帝國大廈的看台上
>
> 　　投下來　　（1969a：64-65）

「海」和「雲」都是大自然中的宏大景象，但它卻任由帝國大廈上的觀眾或旋或豎，在視覺中呈現不同的面貌；連那高不可攀的雲，也矮到供人俯看的位置。大自然景象的渺小化有效地襯托了大廈的崇高與雄偉，讓情感在閱讀中高拔到大廈的頂端。〈紐約〉一詩透過「天國」、「帝國大廈」、「天空」、「（大）雨」、「海」和「雲」等「崇高的辭彙」，彼此相互烘托，架構起雄渾的氣度。

　　在羅門諸多都市詩當中，我們可以發現「上帝」、「神」、「大廈」、「水晶大廈」、「風雲」、「太陽」、「世界」、「天空」等經常出現的「崇高辭彙」，它們是羅門「修辭雄渾」的重要道具；而運用動詞來激活、昇華詩意，和使用排比文字的形式，都是他最拿手的招式。「世界」意象最佳的表現莫過於羅門一九八八年出版的第十本詩集《整個世界停止呼吸在起跑線上》的開卷之作〈時空奏鳴曲〉的第一段：

> 整個世界
>
> 停止呼吸
>
> 　　在起跑線上　　（1988：33）

羅門將整個不停運作的世界召喚過來，並勒住它龐沛的活動

力，讓這股巨大的力量駐紮在一條微不足道的起跑線上，內部
的蠢動與外部的靜止形成一股令人屏息的衝突，以及無法按抑
的衝動。短短的三行，但氣勢卻十分雄渾，這股氣勢毅然撐起
整首近兩百行的長詩，由於這首詩的主題並非都市，本文僅引
用首段作為雄渾詩風的旁證，不分析全詩。此外，在〈曠野〉
一詩當中，也有這麼一節例證：

> 當第一根椿打下来
>
> 世界便順著你的裂痕
>
> 在紊亂的方向裡逃　　（1995c：68）

「椿」代表了文明的力量，當它開始入侵第一自然，在地表上
建立人工的第二自然，所引發的連鎖性破壞，是不可控制、無
法估測的。「世界」的完美構圖，從此崩裂；「世界」一詞包
括了動物界、植物界、地理氣象，牠／它們帶著驚慌和畏懼，
在破壞中逃命。「逃」是一種「消失」與「湮滅」。同樣是短
短的三行，卻道盡工業文明對大自然的侵害，以及被侵害者的
驚惶與淪亡；龐大的文明議題，濃縮於一幕短促且觸目驚心的
景象之中，瞬間引爆讀者的思考。

　　至於「天空」的使用，更是不勝枚舉，但羅門筆下的「天
空」有兩種迥然不同的形象。第一種「天空」傾向於表現出「空
曠」的內涵，鳥飛雲翔的空曠藍天，一向站在文明的對立面，
它是都市人追求心靈自由的「對象」，有的則是一種穿透重重
壓抑破繭而出才獲得的「空闊感」（譬如第三節將論述的〈窗〉

和〈目・窗・天空的演出〉）。一旦這種深受期待的空闊感在
都市裡，被割裂肢解之後就轉變成第二種內涵。譬如〈曠野〉
中的：

> 高樓大廈圍攏過來
> 　　迫天空躲成天花板　　（1995c：69）

以及〈都市・方形的存在〉的第一行：

> 天空溺死在方形的市井裡　　（1995b：82）

這是一個負面的天空處理模式──封閉化。從都市的行道仰視
天空，便可以看到經由諸多高樓割裂而殘存的「天花板」，甚
至「溺死在方形的市井裡」，在視覺心理上對都市人造成一種
希望的破滅感，加上溺斃在大廈之間的、條狀的天空，更突顯
出建築物的圍攏與逼迫，間接引發視覺與心靈的窒息感。它同
時圍堵住我們的思維和視野，讓我們將生存／生活的思慮焦聚
在困境之中，為了尋求更寬闊的居住空間而拼命，甚至被動地
去習慣這種囚禁狀態。其結果就如以下詩句所呈現的：

> 在封閉式的天空與限定的高度裡
> 　　鳥只有一種飛法
> 　　　　一種叫聲　　（1995c：72）

人跟鳥一樣，在這個封閉的物質空間裡，只剩下一種生存姿態，
完全失去自由，被充滿壓迫感的「天空」將心靈軟禁起來，專
心地為滿足物慾而生存。即如羅門所說的：「當物慾世界，不

斷將我們向內的探視力縮短，人類的內心，已逐漸成為陰暗且狹窄的『地下室』，這種可怕的窒息感，已普遍地形成為一種『死』的現象面」（1974：16）。

　　整體而言，羅門有不少詩作（尤其早期作品）寫得十分大器、十分雄渾。雖然大刀闊斧的鋪陳當中，難免有太過偏重氣勢和排列式手法的濫用，以至犧牲了細部修辭效果，甚至對某些現象的抨擊，流於刻板僵硬的印象式批評的缺失，但這一切都無損羅門這股充滿道德動力和滔滔辯證的「雄渾」。

第二節　「方形」：黏滯的生存空間

　　羅門在都市詩創作的前三十年（1960-1989），二、三十首長短詩作所營造的，只是既雄偉又渾沌的都市雄渾氣象，甚至連〈都市之死〉這種滔滔百行的大敘述，都無從讀出都市的立體構圖。我們在整卷都市詩裡頭，僅僅找到一條街道名稱：「博愛路」（1995b：76），反而在其他地方找到概念性的「臺北街頭」（1995f：102）；即使連幾經繁華，經幾衰頹的西門町，也只重點式地描寫過這麼幾句有關一九六○年的狀況：「西門町的街口亦這樣嚷著／婦女們也忙著用口紅塗改文化／用高束腰玩弄眼睛的滾球戲／舉著高跟鞋　踢開來自西海岸的浪

聲」（1995k：87）。象徵著台北消費文化脈動與刻度的大東區，則不見明確的描勒與記載。

除了在同一首詩記下了「田園音樂屋」與七十年代最具文化氣息的「明星咖啡屋」（1995f：102），我們也只能在「博愛路」出現的同一首詩裡，讀到「文化中心」、「圓環」、「博物館」（1995b：76）以及「希爾頓」（同上：68）和「碧麗宮」（同上：73）等地標建築的「名稱」。不幸的是，它們也僅僅是一堆用來佈置場景的道具。可是在羅門其他都市詩當中，就缺乏大樓的外形寫真，僅見那一棟棟沒有性格或面貌的「玻璃大廈」和「水晶大廈」，它只不過是羅門用來代表都市文明的一個「符號」，有時重要，但它更普遍的的功能是作爲大敘述裡的小道具。

很明顯的，羅門感受到的是「當下」的都市生活狀態，並沒有考慮以詩爲誌，亦不打算積纍任何社群經驗或集體記憶，爲台北都會發展作歷史的見證。當時他志在呈現都市的雄「渾」感，大氣磅礴的敘述籠罩著都市的輪廓，所有的現象刻劃與批判都在十分緊張的、高時速的、「渾沌」的語態中完成。大體而言，羅門的都市文本不具備白先勇小說裡對台北的寫實性（明確的街道／景象，以及地區人文內涵），羅門的「台北」沒有幾處可以指認（identify）的地點，也不具備感覺價值。就前文所例舉的、羅門自定的創作理念而言，是一種缺憾。縱觀羅門四十年的都市詩創作生涯，他始終沒有「建設大台北」的計

畫和意念，他選擇一條將都市（台北）「符號化／概念化」的創作途徑，他所建設的是一座「無地點感」（placeless）的都市，我們讀不出其中的人文精神與文化活動，更談不上建構立體的、有歷史感的都市景觀。

自六〇年代到七〇年代，是台北急速發展，從舊台北城的框架裡蛻變成國際化都市的階段；自八〇年代以來，便是摩天大樓不斷吞噬傳統的農家景觀，綠地萎縮而土木大興。全台北如雨後春筍般崛起的水晶玻璃大廈，形成一種深具侵蝕性的景觀／地景（landscape），它象徵著資本家的權威與力量、也意味著物質文明對大自然與純樸心靈的征服，第一自然與第二自然劇烈地消長。這種存在空間的突變主導了羅門的觀察視角與思考向度，他的焦點不由自主地落在空間的生存感受裡：一個被建築物／物質文明不斷地、急速地圍堵起來的宰制感、囚禁感與割裂感。

由此我們可以初步推斷，羅門企圖建構的是一座「方形」的「黏滯」（visqueux）空間。正如沙特所言，我們「存在」的世界是「黏滯」的，「黏滯」是現實世界的客觀結構。沙特認為這是人生最原始的狀態，存在本身就是含糊曖昧的，我們的生活與外在世界都是「一個黏滯的實體──像樹脂──是一種不正常的流體。它似乎首先對我們表露了向四處游走及處處與自身相似的存在，這存在到處流逝」（沙特著，陳宣良等譯，1990：837）；「此在」固然可以在這個流體上活動，但卻又

無法留下甚麼印記，但它卻「給人一個人們能占有的存在的印象」（同上：839）。它的黏滯性如同吸盤，附著在自我上，在我們以為已經占有它的同時，也正是它占有我們的時候，甩也甩不掉。都市人活在都市生活體制當中，在他們努力去滿足物慾的同時，正好陷入這個「黏滯」的、「方形」的生存環境裡。

一九七九年，羅門在〈有一條永遠的路〉一詩中，首度提出都市輪廓的概念化雛型——「方形」：

　　天空與大地

　　抱著溫潤的圓形在走

　　都市與摩天樓

　　抱著冷冷的方形在走　　（1995d：97）

相對於充滿喜悅與肯定的「溫潤的圓形」，「冷冷的方形」是都市在羅門的情感投影中所留下的負面刻板印象，這裡的「方形」沒有任何思想深度可言，僅有的內容就是「吵」，從社會、議會、國會、商場、牛肉場、戰場、報紙、雜誌、電視到文藝和文化界，都在羅列式的現象裡吵！「方形」只是一個簡單的意象，讀不出空間的封閉性與任何心靈訊息。

這個「方形」意象直到一九八三年發表的〈都市·方形的存在〉才獲得較具體發揮，並演進成「空間概念」：

　　天空溺死在方形的市井裡

　　山水枯死在方形的鋁窗外

眼睛該怎麼辦呢　　（1995b：82）

蓋滿高大建築物的「方形的市井」，將可供仰望的天空割裂得
支離破碎，天空失去應有的遼闊與空曠；當然山水也無法倖存，
從「方形的鋁窗」望出去，只能看到一些山水的模型──人造
園景，或山水的遺體──廢土堆與受污染的河渠。無論從車裡
或家裡的方形窗口看出去，看到的還是無數的方形，牆壁、餐
桌和麻將桌都是方形的，最後只好乖乖坐下來面對方形的電視
機。方形是都市裡的主要幾何線條，它所蘊含的高度重疊的視
覺封閉感，直接影響居住與生活的心理狀態，羅門最後還是安
排得很無奈而且消極──從方形的電視所提供的視覺效果中，
汲取心靈的舒解、壓力的宣洩：

> 入晚
> 眼睛都急著趕回家
> 小小的十六吋的家
> 　是一座水晶大廈
> 　　較天空明麗
> 　　較天堂迷妳　　（1995b：97）

這首〈電視機〉必須配合〈眼睛的收容所〉來讀。在〈眼〉詩
裡，羅門用綿密的敘述來說明眼睛在每個工作天當中，必須承
受交通、公文、新聞、股市行情、食色應酬等諸門各類的訊息，
「跑了一整天／都一個個累倒在／電視機的收容所裡」
（1995b：104）。疲憊的眼睛象徵了疲憊的精神與肉體，一整

天在封閉性的生活模式裡操勞，緊繃的神經無法獲得寬闊的自
然景象的解壓，所以退而求其次，提供繽紛影象的電視機，便
身負精神解壓的大任。

在此，又見羅門善用的反諷技巧：讓都市人用一具十六吋
電視來取代天空，並且會覺得電視「較天空明麗」、「較天堂
迷妳」！被「方形」空間所象徵的物質文明，折騰出來的生理
與心靈的疲憊，最後還是由「方形」的電視收容回去，完成一
個充滿悲劇性的生命周期！這是都市人在重負荷的方形生存空
間裡，很無奈卻又是最普遍的精神「洩洪」與「解壓」方式。

更嚴重的是，由於電視可以供給大量的社會訊息及娛樂功
能，越來越多身心疲憊的下班族對它產生倚賴，交出剩餘的時
間來看電視，無形中每一台電視都各自構成一個收視空間，彼
此隔絕。當電視從家庭向商業區侵襲，便產生了ＭＴＶ，提供
另一種封閉式的休閒形態；於是下班後的社會就被電視割裂成
無數個封閉性的「微社會」（micro society）──它就是最
小的「方形」。

透過以上的論述，我們可以歸納出羅門都市空間結構的第
一層形象：「方形」，它也是最基本、最具體的都市輪廓，緊
密而且無法逃逸；其他層次的都市文明內涵，都在它那封閉性
的心靈與視覺空間裡鋪展開來。第二層的形象結構便是：「櫥
窗」。

羅門在〈都市與都市詩〉一文中指出：「由於高科技帶動

不可阻擋的物質文明，不斷佔領人類的生存環境，『都市』便隨之成為展示物質文明的櫥窗」（1995b：51）；又說：「這一被眾目圍觀的大櫥窗」（同上：40），「是展現物質文明繁榮的中心」（同上：43）。可見「方形」的都市，是一個封閉的透明體。因為透明，所以才能夠展示，而展示的目的則在「引誘」——引誘非都市人因眼花瞭亂，而離鄉背井投身其中；引誘都市新鮮人築起無限憧憬，而拼命提升消費能力以最得物質成果；引誘原有的都市人深陷於更高品味、更新穎的消費型態。這是一具不停更換著展示品的櫥窗，巨大的物質文明磁場。

　　從羅門寫於一九七一年的一首短詩〈咖啡廳〉❹，我們可以顯微出櫥窗裡的主客體之間的主動與被動的關係：

　　　一排燈
　　　　排好一排眼睛
　　　一排杯子
　　　　排好一排嘴
　　　一排椅子
　　　　排好一排肩膀
　　　一排裙子
　　　　排好一排腿
　　　一排胸罩
　　　　排好一排乳房　　（1995b：89）

這段詩句的結構很簡單：一排（主動）的〔客體〕，排好一排

（被動）的〔主體〕。杯子本來是嘴的對象，應該由嘴去主動飲用杯子裡的飲料，但本詩建構的是主客體之間的顛倒關係。燈、杯子、椅子，這三種隸屬物質文明的產品，一排排地陳列在咖啡廳裡，「展示」著它交織而成的格調、氣氛，以及消費內涵（時髦），進而引誘前來消費的肉體（眼睛、嘴、肩膀）。

「排列」的動作，意味著一種消費的文化模式與規範，西餐的進餐禮儀便是一種被迫遷就的規範，因為它代表進餐者的文化品德；文本中的眼睛必須接受／享受柔暗燈光所代表的氣氛，嘴巴必須小口小口地品嚐咖啡的香純，肩膀則是身體位置的隱喻，因為身體被椅子固定在各個安靜的角落。裙子與胸罩都是一種民生消費品，它們對腿和乳房的排列，屬於逛街模式的消費行為，雖然羅門將它們安插進來的意圖有待商榷，但正好讓我們「誤讀」（misread）成作者論述範圍的延伸：從咖啡廳到整個消費社會。如此一來，這座咖啡廳內的物品排列與消費，便成為消費社會的縮影，它便是小規模的櫥窗，我們可以從中讀出消費者的消費行為，以及深一層的「被消費」行為。

從「方形」到「櫥窗」，已大致完成羅門都市空間結構的「硬體分析」。接下來，要進一步研讀羅門的深層經營──在方形硬體中的方形軟體──現代人／都市人的「現身情態」（Befindlichkeit）。

羅門對都市的思考，一直離不開「物慾」和「性慾」，他認為它們是都市據以建構其形下生存空間的兩大主元素，他在

〈都市與都市詩〉一文中，有較具系統的陳述：

> 因為「都市」的物質文明，大量製造「物慾」與「性慾」，
> 驅使「形而下」世界將「形而上」世界逐漸關閉，造成
> 靈空狀態，大多數「都市人」便也逐漸變成吃喝玩樂但
> 內人空洞的文明動物，並習慣以「物慾」與「性慾」甚
> 至有以麻醉品來填補內心的虛空，而過後仍是循環性的
> 空虛與寂寞；仍是在生存壓力下，感到莫名的焦慮與不
> 安……這似乎是「都市」繁華光亮面的背後，一直潛藏
> 的難於根除的盲點。　　（1995b：53）

雖然他明確指出，在都市繁華面的背後，是一個「靈空狀態」
的生活空間，但這個空間狀態的導因是「物慾」與「性慾」，
它們乃一切頹敗現象的主因，是它們將都市人「空洞化」，同
時又扮演著虛空心靈的填空物，然後才啓動整個「空虛與寂寞」
和「焦慮與不安」的惡性循環。在這裡，「物慾」與「性慾」
被羅門完全「對象化」，大量「製造」它們的「物質文明」也
一樣。彷彿「人」是「物質文明」以外的東西，而「物慾」與
「性慾」都是外來的誘因，這種思考邏輯是顛倒的。

　　「物慾」是人對外在事物的一種擁有或享有的心理，而「性
慾」更是能促進人類進展的生理本能，兩者都是內在的相當本
質性的外射。「性慾」當然是無法推動文明的工業化，只有「物
慾」才是真正的原動力。如果我們深一層剖析所謂的工業化，
即是「消費慾望」對「物質產能」的不滿足，以致透過機械大

量生產以滿足慾望之需求，並且不斷要求產品的品質提昇。都市就是一個「消費社會」（consumer society），所有的商業行為最終的目的就是「消費」（consumption），所有都市人不斷消耗的精力與時間，即是種種商業行為的構成元素。工作就是為了取得更佳的「消費能力」，以達成物質幸福與精神幸福，進而晉級到炫耀性消費（conspicuous consumption）──即透過品味的提升來攀登更高的社會階層。所謂「物質文化」（material culture），便是「經由某些群體在物質生產上的宰制，在許多不公平或『品味』（taste）（品味作為一種階級主義）的宰制上而建立起壓制性的意識型態」（陳坤宏，1996：37）。

接著我們將在不損及重要元素（以底線標明者）的前提下，用更清晰的邏輯來「重新建構」上文引述的羅門都市觀：

都市人在面對具有龐大經濟宰制力量的「物質文明」，自然會產生令人窒息的「生存壓力」──必須源源不絕地投入越來越多的時間與精力，以提升本身的消費能力（或往更高的社會階層晉級），然而諸多負面的人際事物讓他們「感到莫名的焦慮與不安」；另一方面，過度的消費需求改變了生命形式，物質滿足與感官娛樂掩沒了文化需求……；於是「『物慾』與『性慾』，驅使『形而下』世界將『形而上』世界逐漸關閉，造成靈空狀態。」結果內心的「空虛與寂寞」便在消費中不斷自我刺激、自我麻醉，然後保持著惡性的循環。

在同一篇文章當中羅門又說:「高度的機械文明帶來緊張、動亂、吵鬧與具壓迫感的生存空間」（1995b：44），同時「也帶給人們精神生活的緊張、不安、焦慮、空虛、寂寞與有壓力感」（同上：42）。美國社會學家季莫爾（G. Simmel）曾經針對這種現象提出「都市決定論」（urban determinism theory），他認為都市社會給人過量的神經刺激為了適應各種感官及心理的負擔，不得不改變心理人格和生活方式，因此失去鄉村居民固有的純樸性，形成一種充滿戒心的、冷漠的都市人際關係（蔡勇美撰，收入蔡勇美、郭文雄主編，1984：12）。

　　台北盆地以擁擠的空間去承受密集的人口活動，以及龐大的物質和資訊，確實會導致台北人「緊張」、「不安」、「焦慮」、「寂寞」、「壓迫感」等多種負面的神經反應，以及充滿「空虛感」的生活狀態和「疏離感」的人際關係。我們可以在羅門許多詩作當中，找到這樣的現象陳述，譬如〈都市的落幕式〉（1972）即是都市下班時段的精彩寫照:

　　　　煞車咬住輪軸

　　　　街道是急性腸炎

　　　　紅燈是腦出血　　胃出血

　　　　十字街口是割去一半的心臟

　　　　只有那盞綠燈　是插到呼吸裡去的

　　　　　　　　　　　通氣管　　（1995b：105）

人類對移動的焦慮，隨著交通工具快速移動的能力不斷昇高，

所以在都市這個完全被移動所奴役的空間裡，移動中的身體越來越不能忍受被阻滯的處境，這種空間對移動的過度依賴，造成許多社會性的後果（理查・森涅特撰，收入王志弘編譯，1995：35-36）。當我們的歸家動線被擁塞的路況與交通燈割裂得支離破碎，就出現焦急的塞車症候群。羅門結合了塞車症候群與人體的病痛，讓二者形成巧妙又準確的對照，以表現都市生活的「緊張」與「壓迫感」。在十字街口緊急煞車，但時間並沒有同步煞車，家在遙遠的另一端催促復催促，內心滿載著闖紅燈的衝動；這種焦急真的像極了「急性腸炎」！急著回家的疲憊駕駛人碰上「紅燈」的怨恨心情，足以誇飾成「腦出血　胃出血」。令人窒息的交通壓力，只有在「綠燈」亮起時，才讓心理病危的駕駛人獲得暫時喘息的感覺，重新吸進氧氣。

　　至於都市人的「空虛」與「寂寞」，羅門的表現方式有兩種：

　　【一】運用許多縱慾與沉淪的現象描述，來刻劃都市人「填補空虛」的典型方式。前文已詳細分析過的〈都市之死〉便是一個佳例，其餘諸如〈都市你要到那裡去〉、〈卡拉ＯＫ〉、〈進入週末的眼睛〉等詩，所展示的盡是都市人對聲色的追求與沉落。羅門認為：「在『都市』的生存空間裡，幾乎是被『物質』、『速度』與『行動』所把持，心既不能往深處及形而上的高處去，便只好被阻在感官的快感層面，偏向浮面淺顯、單薄、乖巧、新潮與流行」（1995b：54）。

【二】透過一幅溢滿空寂感的畫面與情節，正面且直接地勾勒都市人的「內心孤寂」。例如〈咖啡情〉和〈寂〉，而最有名的例子是寫於一九六六年的〈流浪人〉❺：

> 被海的遼闊整得好累的一條船在港裡
> 他用燈栓自己的影子在咖啡桌的旁邊
> 那是他隨身帶的一種動物
> 除了牠　安娜近得比什麼都遠
>
> 椅子和他坐成它和椅子
> 坐到長短針指出酒是一種路　　（1995e：43）

在羅門看來，都市人的內心世界充斥著形下的事物，沒有形上的思想歸屬，在消費物質的同時也在消費生命，這種消費是無止境的；人生就在物質文明的海域裡漂泊，找不到讓內心停泊的港口。都市既是一片遼闊的海域，船無法擺脫海洋（它只有損壞或者完成任務之際，才會靠岸或進船塢），所以海洋成了它的主宰者，船是海洋之奴隸，一如都市人是整個都市政經體制下的奴隸。

〈流浪人〉中所敘述的「他」就像一艘累壞的船，暫時停靠在「港裡」。「他」不必是水手或街頭的流浪漢，那會把這首詩的格局狹窄化，我們應該從「心理流浪」的角度來詮釋「他」的身分。所以「港」也只是一座形下的肉體與精神的休息站——咖啡廳（或酒廊）。對常人而言，根本談不上存在價值的「影

子」，竟然被他定位成具有伙伴關係的「隨身帶的一種動物」！
他孤寂得連影子都得從「自己」的版圖裡分割出來，獨立成「伙
伴」，而身邊的「安娜」可能是女友，可能是搭桌的女子（羅
門模糊掉她的身分，旨在否定她的存在價值），雖然在「物理
位置」上很近（就在咫尺），但她僅是一位沒有感情附托、無
法溝通思想與共鳴心靈的身邊人。所以她在「心理位置」上而
言，很遠。真正伴陪他的，是影子。孤寂的繼續深化，就變成
「椅子和他坐成它和椅子」；原來情緒低落的「他」，因思緒
麻木而僵化成「它」，必須借「酒」來縮短乃至泯除寄生在清
醒時間裡的孤寂。羅門在這首詩裡，對於「現代人被冷酷的時
空與都市文明放逐中的孤寂與落寞感」（1995b：27），有相
當深度的刻劃，並拓展出容許多重詮釋的廣度。

　　接下來，我們要挑出羅門自定的一個創作準則，來檢視他
的作品：「『都市詩』不能不強調與偏向『現場感』的表現，
而對現代人生活在『都市』中，生命與精神思想活動的實感、
實態、實況與實境，予以確實有效的傳真與表達」（1995b：
45-46）。對於羅門都市詩中「現場感」的表現，確實有很多
值得深入研討的地方，由於牽涉到詩語言及技巧對現象和題材
的表現問題，留待第四章再處理；我們目前討論的重點，只集
中在：「生命與精神思想活動的實感、實態、實況與實境」亦
即海德格稱之為「現身情態」的部分，即「此在」對生存情境
的切身感受與認識狀態，以及狀態中自我的顯現。羅門都市詩

的終極關懷點，就在「生存」，這可從他在一九八二年的〈生存！這兩個字〉一詩中明白表現出來：

> 都市是一張吸墨最快的棉紙
>
> 寫來寫去
>
> 一直是生存兩個字　　（1995b：109）

不同身分的都市人，以各種生存的姿態（或比作「小楷」，或喻成「行書」）來展現，可他最根本、最起碼的目的，就是「生存」！而且，

> 只為寫生存這兩個字
>
> 在時鐘的硯盤裡
>
> 幾乎把心血滴盡　　（1995b：110）

無情的時間，以研墨般機械化的動作和態度，將都市人一生的歲月研磨掉；一切努力與苦難，只為了「生存」！羅門在此一言道盡生存的荒謬與悲劇性。

　　以「生存」為起點，羅門逐步推展他對都市人的生存意識及心理問題的書寫。每個人活在世上都有他的理想（生命與精神思想），當這理想貫徹（活動）到現實生活（實境）的過程中，他就得面對許多始料不及的問題（實態與實況），而他必然產生某些情緒反應，這種感覺或感情最基本的形式便是「擔憂」（die Sorge；同時包含了「關心」、「憂慮」、「焦慮」等負面情緒）。在世中的「此在」，都會因事情的順利而轉憂

爲喜悅，遇困境而浮躁心煩，一旦受到挫折更是沮喪。這種充滿情緒的「生存論狀態」，是「此在」在「存在」過程中的本質表現。

　　從存在主義的觀點來看：「任何個人，儘管他自己是自己的主人，但他又永遠不可能單獨地存在，他既要孤立自己，又沒法脫離別的存在，這個不可克服的矛盾正是存在主義者海德格所說的『擔憂』、『憂慮』，或沙特所說的『嘔吐』等感情的產生根源」（高宣揚，1993：77-78）。羅門對這種「既要孤立自己，又沒法脫離別的存在」的生存矛盾，在寫於一九八三年的〈傘〉一詩中有十分精彩的詮釋：

　　　他靠著公寓的窗口

　　　看雨中的傘

　　　　走成一個個

　　　　孤獨的世界

　　　　想起一大群人

　　　每天從人潮滾滾的

　　　　　公車與地下道

　　　　　裹住自己躲回家

　　　　　　把門關上

　　　忽然間

　　　公寓裡所有的住屋

　　全都往雨裡跑

　　　直喊自己

　　　　也是傘

　他愕然站住

　把自己緊緊握成傘把

　　而只有天空是傘

　　　雨在傘裡落

　　　傘外無雨　　（1984：327-328）

這裡的「雨」，可視爲現實世界的隱喻，人在現實世界中的「存在」，便是一種毫無選擇的「沉落」（Verfallen）。這個以其生存論狀態而「在世」的人，在被諸多「他在」（客觀事物）包圍，他的自主意識企圖將自己「孤立」成一個不受外力影響的「存在的主人」，所以他撐開了「傘」作爲對雨的一種抵禦方式。在雨中的每一把傘，都努力地將自己孤立成一個無紛擾、無是非的行動／心靈空間，「走成一個個／孤獨的世界」。正如下班之後，便用一臉冷漠「裹住自己」的下班族，使勁「躲」開生存空間裡各種「他在」的牽絆，「回家」（當然家是一把更具抵禦能力的大傘）；然後更把自己封閉在完全自主自立的住屋裡（住屋也是一個很小的方形）。但弔詭的是，「公寓裡所有的住屋」都往幾欲擺脫的雨中跑去，並且「直喊自己／也是傘」！

　　很顯然，即使住屋這道最堅固、最後的防線，依然擺脫不了整個社會機制的影響與操控。如前文所述，這個世界是「黏滯」的，在我們努力去擁有一個住屋的同時，我們反過來被住屋背後的經濟（必須工作來繳交貸款）和法律等社會力量──形上的雨──所奴隸。在下班族成功地躲進住屋裡後，外面的、形下的雨依然困死他的行動，乃至他的心情。雙重的生存困境，致使住屋這道最後防線完全崩潰，「全都往雨裡跑」，「直喊自己／也是傘」，可是這樣的怒吼只能當作情感的宣洩與生存悲劇的掙扎。

　　這個殘酷的觀察結果，對「靠著公寓的窗口」的「他」而言，形成巨大的心理衝擊，因而更加「擔憂」；他「把自己緊緊握成傘把」，企圖對無孔不入的形上的雨，展開抵禦。至今他才發現，即使把傘撐得像天空一樣大也沒有用，因為「雨在傘裡落」，更多有關存在自身的煩惱依附在意識活動之中，根本無從逃避。雖然無從逃避，但身處於充滿生存壓力與黏滯感的方形櫥窗當中，都市人確實需要一個心靈的舒解管道，一個可以獲得自由的意識特區；既使它只是短暫性，乃至於自欺欺人的虛設的逃生口。由此，羅門洞悉了「窗」的角色與功能。

第三節 「窗」：黏滯空間的逃生口

　　羅門首次經營「窗」，是在都市的「方形概念」正式形成之前，筆下的「窗」卻早已構成日後發展的雛型。一九七二年，羅門寫下這首只有十一行的短詩〈窗〉：

　　　猛力一推　雙手如流
　　　　總是千山萬水
　　　　總是回不來的眼睛

　　　遙望裡
　　　你被望成千翼之鳥
　　　棄天空而去　你已不在肢膀上
　　　聆聽裡
　　　你被聽成千孔之笛
　　　音道深如望向往昔的凝目

　　　猛力一推　竟被反鎖在走不出去
　　　　　　　　　　的透明裡　　（1995d：75）

〈窗〉詩有個必須正視的問題：如果推開窗口便可以看到遼闊

的第一自然，爲何不乾脆走出去？而且要是第一自然就在咫尺
的窗外，「窗」便失去供遙望的價值與功能，「遙望」就立刻
發展成「遠足」，就無從「反鎖」了。如此一來，人生的存在
困境（反鎖的外力）立刻自我消解，詩的寓意淺化泰半。要是
把窗戶「猛力一推」之後，看到的還是現實生存空間裡的玻璃
大廈，那麼推窗則淪爲無用的廢動作，文本中描述的「千山萬
水」就無法落實。也許深居都市的羅門在寫這首詩的時候，只
考慮到意境與情感，甚至僅僅志在直抒自己和都市人對第一自
然的普遍「渴望」，所以此詩的解讀重點在「渴望」而不在心
靈遨遊的「快感」。

　　首先，我們將遙望的「你」定位在都市裡，因爲這裡看不
到第一自然（所以才得遙望）。文本中描述的視覺與聽覺幻象，
是一次「意識的虛無化」活動──是在世的此在「向抽象與超
現實的世界開發精神出路」，企圖「掙脫悲劇性的宿命論對生
存的封鎖，以便從有限的、窒息的、封閉的與陰暗的現實層面
打開出口，使內在精神得到無限的活動與超越」（羅門，1995h：
81）。所以窗外是沒有第一自然景象的，一切都是「你」的意
識對存在困境的、具有超越意義的虛無化活動。

　　「猛力一推」是「渴望」的起點，也是意識開始突破重圍
的第一個動作；必須「猛力一推」的，定是一道牢固的形上枷
鎖（存在的困境）。很顯然，「你」是處於重大生活壓力下，
迫切需要一個舒解壓力的出口。被四壁圍困而成的方形空間

裡，「窗」乃最可能選擇的視覺出口，所以「窗」便成爲「精
神壓力逃逸口」的「象徵」。而內心渴望的景象「總是千山萬
水」，「回不來的眼睛」帶著對「由自」近乎飢渴的衝動與動
力，超越肉身的束縛而去，由於視覺本身因長期受困，一旦得
到解脫便如脫韁的野馬，再也收勢不住，天空的景象在高速飛
翔裡，化解成寬暢的、無形的「自由」，超越了形下的鳥翼所
能提供的翱翔感，心靈昇華到完全逍遙的境界。至於平時受盡
噪音折磨的聽覺，其自身亦悠揚成萬籟的本體——這是「止渴
過程」的感受描述。

　　最後一段則很現實地「處死」了「渴望」，無論「你」的
心靈獲得多麼由自的「止渴」，但那僅是短暫的自由，是意識
的自由，終究還得沉落到現實世界裡來。因爲這一切都是在「遙
望裡」，連音道也被定位在「望向往昔的凝目」（「往昔」指
的是未經都市吞噬之前的第一自然），明確的說，「你」還是
站在原來的時空位置上「遙望」（冥想），翱翔於長空大地的
不過是「渴望」，不包含肉身。「你」依舊身置於第二自然的
房舍之中，並沒有真實地遨遊於第一自然。所以這一推，反而
「被反鎖在走不出去的透明裡」。「透明」並非在暗示形下的
玻璃，而是無形的樊籬，它隱含了社會體制對個體的約束力量。
窗必定開設在牆上，牆的內外分別是困縛與自由，那麼「窗」
是二者之間的疆界，好像可以出境，卻又無法真的越界。「反
鎖」更意味著「窗」外現實世界的強大壓迫力和黏滯力，只允

許短暫的逍遙，隨既幻滅。

　　都市人的生存悲劇，就如前文陳述的那般，它的黏滯如吸盤，附著在每個此在身上，黏滯得令人窒息，卻又無法掙脫。雖然每個此在都很無可奈何的，被拋棄在黏滯的世界之中，但他仍然抱持一絲超越一切羈絆的渴望。這個生存的矛盾，即是存在主義者追求「絕對自由」的出發點。從沙特的觀點來看，人是無法在現實中超越現實，只能透過主觀意識對現實的否定作用從中掙脫，這就是所謂的「虛無」，它能將人的自我從現實中隔離出來，進入自由的境界。這種「自由」僅僅是一種純粹的意識活動，但它具有無限的自由性和虛無性，足以擺脫黏滯的、令人作嘔的現實，以及被體制規範著的「過去的自己」和「將來的自己」，這才是一種真正的絕對自由。

　　〈窗〉詩，既充分表達了此在處於惡劣的現身情態中，仍深切渴望並追求著「自由」──擺脫存在，逃離黏滯的現實囚籠，飛奔到逍遙的想像王國；而「窗」就是他可能選擇的出口。羅門明白指出，每個都市人的內心都「渴望」著這麼一扇「窗」，也許它不能帶來真正的解脫，但它是一個必須，潛意識裡存在著。

　　一九七四年，羅門在〈目‧窗‧天空的演出〉一詩當中，將窗擺在眼睛與天空的仲介位置：

　　　臉一靠窗

　　　目便與天空換了位置　　　（1995d：77）

被都市空間長期禁錮的視覺，一但「靠窗」，內心對自由的渴
望便魚貫而出，盡情地侵佔天空那片無邊的空闊，主體與客體
合一（當然這個視覺主體──「目」，必須是被建築囚禁起來
的，那「窗」才有存在意義）。羅門在這裡沒有建構起都市硬
體與軟體所形成的生存壓力，他的焦點在「窗」的角色扮演上，
由此突顯它對心靈解壓的形上意義。在變幻不止的天空的演出
過程中，目是平靜的，但窗的角色卻起了巨大的變化：

> 窗坐在空闊裡唱
> 無論以那一種鳥去飛的天空
> 　　　　也高不過它
> 無論以那一種風去追的天空
> 　　　　也遠不過它
> 無論以那一種天地線去圍繞的天空
> 　　　　　也闊不過它　　（1995d：79）

我們可以稱它為一種「篡位」。文本中的「目」，是透過窗才
看得見天空的演出。從另個角度來看，天空是在窗所開設的方
形內演出，沒有窗便沒有天空的演出。所以滿足眼睛對空闊的
巨大渴望的，是窗。窗由視覺追尋空闊的通道，「篡奪」了天
空的心理位置，並轉變成空闊本身。它擁有的那分空闊，不是
天空所能望背的，不但令鳥和風的高遠相形遜色，而且「無論
以那一種天地線去圍繞的天空／也闊不過它」。換言之，「窗」
即成為空闊與自由代名詞，以及滿足渴望的對象。從這個角度

而言，「窗」本身即是一個「無重力空間」，讓負荷過重的眼球──肉體與精神──在此擺脫生活的萬有引力。

雖然「窗」的角色在羅門的都市詩中，日益吃重，但仍未與方形的空間概念緊密結合。遲至一九八三年的〈都市‧方形的存在〉，羅門才明確地將「窗」的概念安置於「方形」的生存空間當中。至此，便完成「窗」的最高存在價值。此詩的第一段如下：

> 天空溺死在方形的市井裡
> 山水枯死在方形的鋁窗外
> 眼睛該怎麼辦呢
>
> 眼睛從車裡
> 　方形的窗
> 　　看出去
> 立即被高樓一排排
> 　　方形的窗
> 　　　看回來　　（1995b：82）

羅門佈置好一座溺死天空的方形市井，第二自然對第一自然的侵蝕已經到了盡頭，「山水枯死在方形的鋁窗外」，活動在都市大街行道上的眼睛，只能看到破碎的天空，以及人工化的行道樹林，心靈被過大的建築密度壓縮，於是眼睛在視覺的困境中努力尋找出口。當公幹出門或下班回家而受困於車內的視

線，「從方形的車窗／看出去」的時候，「立即被高樓一排排／方形的窗／看回來」！那些全是鏡子似的窗，不透明，「看出去」的是自己充滿期待的視線（期待看到山水），但「看回來」的卻是身邊的冰冷街景，因為滿街的玻璃大廈「將風景一塊塊／冷凍在玻璃窗裡」（1995b：107）。結果風景反過來冷凍住自己那臉期待的表情。

　　從車子這個活動的方形，回到住家這個穩定的方形，再從家裡往外看，「立即又被公寓一排排／方形的窗／看回來」（同上，83），看不到鄰居，方形的窗緊密地封死了公寓的人際關係，心靈被每個小小的方形孤立起來。互相重疊的方形框住了負荷過重的精神，累積了一整天的壓力急需舒解的管道，「又」再度淤塞，偏偏「眼睛看不出去／窗又一個個瞎在／方形的牆上」（同上，83）。有窗等於沒窗，窗「瞎」了即是眼睛瞎了，苦悶且又煩躁的情緒，「便只好在餐桌上／在麻將桌上／找方形的窗」（同上，83）。

　　「窗」的角色發展到這裡已十分明顯，它是一個「出口／逃逸口」，對都市人而言，最佳的解壓管道當然是「電視」！所以受困了一天的視覺／心靈／意識，便從電視機這「方形的窗裡／逃走」（同上，83）。可是這個「窗」會隨電源的中斷而封閉，他們的意識勢必回到同一個囚禁生命的方形裡。一如卡謬在他的《薛西弗斯的神話》（ *Le Mythe de Sisyphe, 1942* ）裡所刻劃的薛西弗斯那樣，反覆地、永無止境地將一塊巨石推

上山頂再滾下來，然後再度推上去滾下來。這種處境，卡謬慣稱之為「荒謬」（absurde）。薛西弗斯的處境之所以成為悲劇，是因為他身處命運的羅網中，清楚地意識到這宿命性的輪迴，感受到深刻的痛苦。如果他逆來順受就構不成悲劇，但他拼命地力圖衝出越來越緊縮的羅網，卻又無從解脫，這種多餘的掙扎才是真正的悲劇。這也是都市人的生存悲劇，因為他意識到生存的「荒謬」，而渴望解脫、渴望自由，卻又不得不被拋回宿命的原點。

在往後的創作生涯中，除了零星地出現過「窗」的字眼，可這個符號並沒有令人矚目的發展。一九九一年一月，羅門又寫了一首〈窗的世界〉：

> 窗是大自然的畫框
>
> 也是飛在風景中的鳥　　（1995d：76）

窗成了乘載第一自然的外在「畫框」，景象就畫在玻璃的表面；它所蘊含的對大自然的渴望，被形象成一隻翱翔其中的飛鳥。彷彿，「窗」就成了「眼睛」的隱喻；都市人的眼睛，即是一雙受到禁錮而渴望自由的「靈魂之窗」。羅門將它擺在不同的客觀位置，多角度反映出它的應對與變化：

> 窗在田園　自動裝上遠距離廣角的鏡頭
>
> 窗在都市　越來越近視
>
> 窗舒暢快活時　千山萬水不回頭
>
> 窗被關發怒時　炮彈洞穿過層層厚牆

　　窗孤獨無聊時　一面擦亮寂寞的鏡子

　　窗闔目沉靜時　一口深山裡的古井

　　　　　　　　附近有人在打坐　　（1995d：76）

前兩句是窗（眼睛）面對第一自然和第二自然時，迥然不同的
兩種反應，前者呈現出視野與心胸的開敞，後者則逐漸模糊，
失去透明性，越來越封閉與隔絕。這是羅門對兩個生存空間的
典型陳述。第三和第四句分別代表壓力獲得舒解與無從渲洩的
情態，僅是〈窗〉一詩的片斷複述，了無新意。第五句的窗成
了一面映照出孤獨的鏡子，第六句則上承第五句的孤獨，進而
轉化爲清悠，達到郭象式的適性逍遙境界；對化解各種因生存
而感受到的黏滯感與孤獨感，有十分正面的助益。換言之，那
股追求心理自由的強烈渴望，在「闔目沉靜時」，被修行消解
殆盡。

　　同年八月，〈永恆在都市是什麼樣子〉則透露了另一項重
要的訊息：

　　傳教的牧師説

　　　禮拜堂有一個窗口

　　　　可以看到天堂

　　他們卻堅持在床上

　　　找另一個洞口

　　　　看永恆　　（1995b：134）

都市人不再渴望自由，不再渴望透過窗來療養他的心靈，他們

選擇了「墮落」──精神壓力的「肉體舒解方式」，由心理（視覺）的開敞，轉換到生理的渲洩（情慾），由遙望的「窗」換成床上的「洞」。這個舒解遠比遙望來得實在而有效，也是一種可以「永」續，並持之以「恆」的方式。

「窗」在黏滯的都市空間裡，最基本的功能是讓精神壓力能透過視覺的開敞而獲得舒解，但它只是短暫性的，「此在」的肉身仍然沉落於這個黏滯的現實世界中，無法真正抽離，這股黏滯感既透明又強韌。存在於巨大生活壓力當中的「此在」（都市人），對「自由」的追尋必然得透過「窗」，它作為一個精神壓力的逃逸口，確實能發揮某程度的功能。在「窗」的發展史最後階段，它甚至本體化，成為眼睛追尋的第一自然（視覺的自由空間），以及追尋自由的眼睛本身。作為一個方形的出口，它是不斷縮小，卻又不斷深化了內涵，由形下而形上；它是羅門都市文本的空間結構中，最小的單元，也是最值得討論的單元。

小　結

總結以上三節的論述，我們可以清楚掌握羅門建構起來的都市文本，明顯地區分成三個概念層次：

　　[一]都市的「雄渾」氣象——羅門並沒有用細雕之工筆，去描繪台北或任何都市的市容，他的經營焦點在都市的「雄渾感」。所以我們可以感受到都市之大，內部問題的龐雜與沉重，以及羅門對諸多惡劣生存現象的焦慮。

　　[二]「方形」的概念——他從都市人的現身情態中，一步一步歸納出都市的空間性格，並逐一挑出埋伏在生活與工作環境周遭的無數個大小方形——櫥窗、住屋、電視，進而突顯出它們對都市人所造成的「視界封閉」、「黏滯」的現身情態。

　　[三]「窗」是黏滯空間的逃生口——雖然它暗示了「此在」的存在，是一種悲劇性的迴轉，從較大的方形逃到較小的方形，從形下的遙望之窗到形上的靈魂之窗，強烈傳達了「此在」對生存自由的「渴望」。

　　由這三個不同層次的內涵所組構成的都市文本，是羅門筆下現代物質文明的「象形符號」，他所有的美學思考，皆以此為根據地，文本裡的眾生百態都在同一個空間裡，按照羅門的都市美學劇本演出。

【註釋】：

❶收錄在《第九日的底流》（1963）中的〈都市之死〉原版，全詩共六節一一三行；《羅門自選集》（1975）將第一節改為「序曲」，同時將楔子改成「都市你造起來的／快要高過上帝的天國了」

（1975：63），刪去原版中具有引述價值的「上帝已死」（1963：81），並增長為一一八行；到了《羅門詩集》（1984）則刪去「序曲」，縮短成一○六行，成為後來《羅門創作大系》收錄的最後修訂版。雖然此詩屢經更改，但批判的焦點及要素不變，最後修訂版的語言也較原版來得凝煉，而且焦點更集中，但基於原版詩作中，有數處非常值得引述而被刪除的詩句，況且原版詩作既已具備了雄渾的氣勢，此詩當以原版為最理想的論述依據。

❷關於譯名的論證，分別參閱陳慧樺先生：〈中西文學裡的雄偉觀念〉（1976：159-212），以及王建元先生：〈崇高乎？雄偉乎？雄渾乎？一個從翻譯到比較文學的課題〉（1992：1-38）。

❸陳慧樺先生在〈莊子的詞章與雄偉風格〉（1976：141-158）和〈中西文學裡的雄偉觀念〉（同上：159-212）二文當中，對 the sublime 美學觀的創始、開拓與演化，皆有十分詳盡的敘述。

❹收錄在一九七五年十二月出版的《羅門自選集》當中的〈咖啡廳〉，註明是民國「六十年」的作品（1975：183），五年後再度收入《曠野》裡的版本沒有註明年分，到了《羅門詩選》卻變成一九七六（1984：212），《羅門創作大系》所錄者又不註明年分。其實原版與《曠野》之後的新版僅是最後一行的排列方式不同，就本節所引述的片段而言，完全相同。為了方便讀者參閱，故以大系之新版為據。

❺這首詩有兩個不同的版本，先後收錄在四本集子裡。《死亡之塔》（1969）中的原詩有十五行，後來收入《羅門自選集》和《羅門

詩選》中的是十三行的修訂版（刪了兩行又改了三行），最後收
入《羅門創作大系》裡的卻是十五行的原版。本論文當以意境較
佳的十五行版為論述依據。其次，值得一提的是〈流浪人〉的「原
型」，應該是收錄在《曙光》裡的〈咖啡館裡的流浪人〉：

> 這群流浪人在酒中睡著了，
>
> 讓回家的船直開入販賣煙草、女人同橋牌的醉港，
>
> 偷偷把痛苦的貨件卸下又暗裡裝上無聲的死亡，
>
> 這群流浪人每晚失神的逛在異鄉夜已深的街頭

（1958：32）

同樣用「船」來比喻漂泊不止的孤寂心靈，連宿醉的場所（咖啡
館）也一樣，唯一的差異就在於原型詩中，流浪人的孤寂起於「軀
體流浪」，而〈流浪人〉一詩較能涵蓋都市人的心理狀態，詮釋
面也較深廣。

第四章　聲色的速讀與縮寫

前　言

　　曾經擔任過飛航駕駛工作的羅門，對「速度」有十分深刻且敏銳的體悟，在他眼裡的都市，是一個「生命與事物快速地活動與進行的場所，『時間』顯得非常匆忙與焦急，往往這一秒鐘還未停定，下一秒已闖進來，這種急速的存在感，使『都市』的形形色色與景物，都不停地追著速度跑，『時間』便也緊逼的跟著喘息與變調，而自然影響到詩生命的脈動、呼吸系統以及語言活動產生新的動力、動速、動向與節奏」（1995b：44-45）。時間驅趕著整個都市生活的節奏，都市人的脈動也因此急速起來，同時也影響了詩的語言節奏──不管是因為詩人的生活感受使然，或者是為了捕捉都市的脈動，讓詩與都市同步搏動。這個生存的急速空間「逼使語言運作的『速度感』與『行動性』的加強，…………，尤其是『動』詞在時間與速度的緊迫感下，所放射的新的動力，給予詩境呈現新的動態與動境」（同上：45）。

　　羅門要求都市詩的語言，必須偏向「生活化」與「行動性」，

以及「現場感」的表現，才能有效的傳真與表達都市人的生命與精神活動的實感、實態、實況與實境（同上：46）。「生活化」就是以簡單明瞭的意象與流暢的日常語法，將詩歌語言口語化，以圖更貼近快節奏的都市生活；「行動性」強調的是跟得上時代步伐的鏡頭，所以它是走在時代前端的視角；「現場感」就得讓讀者身歷其境，感受文本都市的瞬息變幻與龐大的不安；至於「速度感」，指的當然是明快的敘述節奏。

這四個要素有相當大的交集點，尤其「速度感」，在某個程度上涵蓋了「生活化」和「行動性」，如果該文本所敘述的現場是都市的生活動態，那「現場感」自然也被涵蓋進來。因此羅門極重視詩的「速度感」，以及「動」詞的使用。可是這種高速度的敘述，反過來影響了創作的思考深度，導至作者對某些社會現象的挖掘不夠深，形成一種走馬看花式的「現象速讀」，快速地掃描問題的表層，並沒有觸及癥結所在，這個毛病多半出現在都市人對物質生活的追求與沉溺之描述方面。跟「速讀」同步進行的書寫策略，就是「縮寫」。

羅門將都市人的心靈及道德的淪喪，「縮寫」成兩個非常值得討論的「母題」（motif）：「物慾」和「性慾」。他嚴厲指責都市的物質文明大量製造「物慾」與「性慾」（同上：53），以致都市人被高度消費性的物質文明矇蔽了心靈，所有的思想行為都環繞在「物慾」的滿足上，形成一具具墜入非本真結構的「活體」；更令他不滿的是「性慾」的放縱，教都市（男）人失去道德上的自我約束，淪為追逐酒色的「性獸」。可是在

他大刀闊斧地對都市（男）人進行道德批判的同時，女性角色卻被「性慾」母題單一化，與情色劃上等號。

早在〈心靈訪問記〉裡他已明白道出：「大多數現代人確是抓住女人的雙乳」（1969b：39），在他潛意識裡的「現代人」就是男人的專用名詞，「都市文化」仍然是父權的絕對優勢文化。在羅門的「性慾」書寫裡，一切以男性慾望為主要視角，女性淪為視覺與慾望裡的洩慾對象，甚至成為「性財產」；在極大部分的詩篇裡，她們往往被「縮寫」成「乳房／腿／腰／迷你裙」，成為一種「局部代全體」的「性符號」——彷彿是男人縱慾的原罪。這也成為羅門對都市女性的一種完全負面的書寫模式。

雖然在羅門處理這兩個母題時，由於急躁的寫作心理和快速的語言節奏，使他的某些詩篇止於「現象的速讀」，而且是完全負面的評價，但整體來說，他為這兩個母題塑造出來的意象叢，以及某些表現手法，仍有相當的討論價值。本章前兩節將以主題學方法來分析「物慾」和「性慾」這兩個羅門都市詩中的重要母題，同時處理「速讀」的缺失和「縮寫」的盲點。

由於「速讀」，羅門錯過了一些值得深入探討的問題；因為「縮寫」，模糊掉在焦點以外的事物。我們必須指出：羅門筆下的都市人，有兩個指涉範圍——當談到性慾時就指「男人」，論及生存壓力（如第三章）則以「白領階層」為論述基礎。然而，在整個都市生態結構裡，位處底層的藍領階級的勞動人口，存在著許多生存／生活的社會問題，他們在都市發展

的過程中，付出了軟硬體建設方面的勞動力，但消費其成果或產品的卻是白領階層（可惜羅門並沒有把此一社會問題提昇到資本主義的「物化」層次）。

令人納悶的是，對這個龐大的群族，我們在《羅門創作大系·（卷二）都市詩》的選錄範圍裡，卻讀不到絲毫的蹤跡，彷彿他們不是都市的一分子。這就牽扯到「都市人」的界定問題，難道只有具備現代都市精神的居民才被認可為都市人？或者其心靈及行為模式附合某些條件的才受到肯定？羅門並沒有十分精確的界定「都市人」的身分，但在他的潛意識裡，這些藍領與農業社會的勞動人口，在本質上是沒有多大區別的，所以這群沒有足夠的經濟能力去淪喪自我於物質社會中的人口，就被排除在都市詩卷之外，成為既使７２０度也掃瞄不到的「都市幽靈」。

在男性本位的沙文／性慾視角底下，都市女性在台北從農業社會轉型到商業社會的時代變遷裡所扮演的角色，一概被掩埋了。她們在日常生活中的角色——家庭主婦、上班族、上班族兼主婦——都因為羅門過度焦聚在「肉彈」角色上，而模糊掉了。所幸羅門並沒有完全忽略，只是將有關的詩篇定位為「素描詩」，不在「都市詩」的範圍內。可是這群「非肉彈」的「另類女性」才是都市女性的普遍面貌，畢竟「肉彈」在女性人口比例還中是偏低的，雖然羅門基於「性慾」母題書寫之需要，將之「提拔」為都市女性的新形象，可這是十分不公平的寫法，犯了類似「主題小說」（roman à thèse）❶之弊端。

　　我們幾乎可以這麼說，羅門由於對「物慾」與「性慾」兩
大母題的全力經營，以致他有所蔽，竟然忽視了一群有血有淚
的小人物，模糊、扭曲了都市女性普遍的真實面目。藍領是維
護都市運作的勞動力量，而這些處於社會價值以及兩性平等觀
念急速轉變下的都市女性，有更值得我們討論、關懷的辛酸。
所以在本章第三節，我們即將從《羅門創作大系·（卷五）素
描與抒情詩》一書中，找出被歸類為「素描詩」的人物素描作
品，從羅門的兩大母題的勢力範圍裡突圍而出，重新填補羅門
對都市族群在刻劃上的偏差。

第一節　「性慾」母題：都市女性的縮寫

　　主題學（Thematology, 德文：Stoffkunde）屬於比較文
學的範疇，發軔於十九世紀德國格林兄弟（Jacob Grimm,
1785-1863; Wihelm Grimm, 1786-1859）等民俗學者的研究，
當時的研究重心是民間傳說與神仙故事的演變。之後逐漸擴大
到對諸如時間、離別等非關神話的主題和母題的探討。十九世
紀末至廿世紀五〇年代之間，是主題史（Stoffgeschichte）
研究的時期，其焦點對同一母題的演變作歷時性分析
（diachronische analyse）。六〇至八〇年代中期的主題學
研究，除了追溯探原之外，更探究同一個主題（包括套語、意

象和母題）在不同時代不同作家的處理，透過這些不斷孳長的故事，來管窺作者的意圖（intention），以及它的時代意義。其後，主題學研究與其他文學理論結合發展，邁向新的理論階段（陳鵬翔撰，陳鵬翔編，1983：1-16）。

　　「母題」原來是音樂領域的一個術語，最早使用於義大利（義文：motivo），它是旋律中的片段，爲了拱托出樂曲的描象性主題，不斷重復、轉調、變奏，最後發展成完整的樂章，所以母題就是樂章的結構成因（structural elements）。在文學領域裡，母題廷伸了原來的定義：容格（Carl Jung, 1875-1961）認爲母題即是「單一的象徵」也就等於「原型」／「原始意象」；佛萊（Northrop Frye, 1912-）則定義爲「文學作品中作爲文辭單元的象徵」，一首詩就是「母題交錯形成的結構」；華西洛夫斯基（Veselóvskij）提出的的看法是「任何敘述結構中最小的而且不可再分割的單元」。陳鵬翔先生在〈主題學研究與中國文學〉一文中，歸納指出母題則是由兩個或更多個不斷出現的意象所構成的，它除了表層意義之外，更蘊含了歷來諸多文本及文化傳統不斷附加上去的聯想，有時候它即是某些廣大事物的縮影，或者某些文化內涵的符徵。它是比主題較小的單元，通常一個主題是由兩個或以上的母題所組成。主題學研究的重心，就在母題研究（陳鵬翔編，1983：23-24）。

　　本節將援用主題學方法，來分析羅門在「不同創作年分」的「不同詩篇」當中，對「同一個『性慾』母題」所抱持的文

化視野、書寫心態、表達技巧等方面的演變歷程，以及創作進
程中衍生的問題。當然，我們必須把羅門的全部都市詩作品，
視爲一個完整的「宏觀文本」（macro - text），本節即將論
述的「性慾」母題，便是架構起這個宏觀文本的一個重要母題。

　　在羅門的最早期的文本都市裡，「夜總會」就是供色情行
業滋長的「異質地點」（heterotopia），它對終日被方形的
生存空間壓迫著心靈、禁錮著肉體的下班族而言，是一個容許
徹底洩慾解悶的地點。洩慾對這些靈空的此在而言，是最便捷
的逃逸之窗。一九六八年的〈夜總會〉便是羅門「性慾」母題
的一個開端：

　　　　那是一支妖眼　　巴黎種的
　　　　　把台北市望得較戰地美麗的偽裝
　　　　　　　　　　　　　　還危險

　　　　鈔票飛成雲彩
　　　　過程是一滑面
　　　　　斜度就像峭壁那樣
　　　　　　滑下去　　準摔死在雙乳的峽谷裡
　……………
　　　　那只妖眼滴入夜色與威士忌
　　　　　便更妖了　　妖得只想看巴黎　　（1969a：47-48）

「夜總會」這種色情的消費形式源自西方，異於中國「青樓」

的情色文化；至於讓東方人充滿性幻想的性都巴黎，就是西式
情色的巨大象徵。這首詩的主意象是舞女的「妖眼」，她的風
情是西式的巴黎的；對台北這個正大步邁向物資化社會，市民
對新奇事物的心理建設尚不穩固的新興都市來說，她（們）是
一種十分可怕的侵蝕力，足以摧毀整個社會的道德秩序與規
範。縱觀詩中架構起「性慾」母題的意象叢，我們可以感受到
無論「妖眼」或「巴黎」都是偏向於性暗示的描寫方式，連「乳
溝」也婉轉地比喻成「雙乳的峽谷」，所以讀罷此詩，感受到
的是潛伏於妖眼中的「誘惑」與敘述者自身的蠢動「慾望」，
不見露骨的性描寫。想必是當時保守的文風使然，所以同年創
作的〈進入週末的眼睛〉，也是如此。

　　〈進〉詩將洩慾對象模塑成一個洋化的、有形象的性符徵：
「瑪麗」。顯然羅門有意讓讀者自行聯想到當時風靡世界的美
國尤物瑪麗‧蓮‧夢露。羅門將她的魅力導引到詩裡來：「都
市的一舉一動，總是提醒他到瑪麗那裡去」（1995b：135），
太多的誘惑在鼓動著都市男人的性慾，慫恿他去實踐潛藏心中
的性幻想。他實在難以抗拒，因為這時候：

> 夜便沿著垂直的禮拜六
> 　　投下霓虹燈的彩色照明彈
> 　　　在瞳孔明麗的方場上
> 　除了眩目的屍衣裹住一些趕時髦的死
> 　酒與瑪麗是唯一在廢墟上
> 　　昇起的噴泉與塑像　　（1995b：135）

作為本詩主意象的「瑪麗」是一個誘發性慾的符徵，一個足以淪喪掉任何意志的慾望漩渦（同上：136），但它（她）仍然是暗示性的，沒有情色畫面的描述。一連出現三次具有催情作用的「酒」，以及作為「頹廢時間」座標的「夜」，則是必備的意象，在前引的〈夜總會〉中也一樣。這時期，羅門對「性慾」母題的經營傾向於「性誘感」方面的刻劃，富於暗示與象徵意味。

一九七○年，羅門寫了一首詩趣盈然的〈禮拜堂內外〉，他選擇了「禁慾」的禮拜堂作為跟「性慾」較量的擂臺：

> 迷你裙短得像一朵火花
>
> 一閃　整條街便燒了起來
>
> 行人發呆成風中的樹
>
> 而打對街過來的柯神父
>
> 誰知道　雙目提著兩桶水
>
> 　　　　還是兩桶汽油　（1995f：56）

這一幕發生在禮拜堂之外，即是宗教道德約束不到的地帶，此時此刻所有的目擊者，已離開了肅穆的教堂氛圍，其心靈是最「自由」且「忠實」的，自由於神父與聖經的監視之外，忠於生命的本能慾望；所以他們都被這位穿迷你裙的女子燃起了性慾，目瞪口呆，像一株株任憑慾火焚燒的樹。狂燒至此，羅門更進一步質疑：柯神父這株長久禁慾的枯木，心中倒底是平靜如水，還是已如火上加油般熊熊燃起，必須借助嚴肅神情來掩

飾的大火？「還是兩桶汽油」一句，確實有畫龍點睛的神效。
焚燒之餘，我們讀到的仍是一幕「內在」的「性慾」，沒有性
行為或性器官的描寫，行文乾淨且慾望飽滿，道德意識與本能
慾望的精彩拉鋸，令「性慾」母題的表述提昇到更高的層次。

　　上述三首早期作品，所呈現的「性慾」書寫都是含蓄的，
當時的社會風氣較保守，讀者無法接受露骨的性描寫。羅門對
「性慾」的處理，尚不具備抨擊的意味。到了一九七二年的〈都
市的落幕式〉，在羅門眼中的都市突然搖身一變，患了滿身文
明病，所有的機能分別「氣喘在克勞酸裡／癱瘓在電梯上」
（1995b：105），但它潛伏於體內的巨大慾望，往往在「入夜」
之後就盡情地渲洩，只有床才能承受這股久抑的情慾。在狂歡
者眼中，那些色情場所的「店門（就）像一排鈕扣解開／（裡
頭）那陰處，便對準你的發洩」（同上：106）。「陰處」同
時指涉都市的「異質地點」，以及性慾的「發洩地點」。羅門
準確的、大膽的將「陰處」與「發洩」銜接起來，成為一幅超
越暗示，相當「象形」的性交易畫面。這是一次嚐試，其中必
然有表達方式及遣辭用字方面的掙扎，在明言與暗示之間拉
鋸。不過一九七六年的〈露背裝〉，又將剛開始「赤裸化」的
「性慾」母題推回原點：

　　　眼睛圍在那裡

　　　大驚小怪說

　　　那是沒有欄杆的天井

　　　　　　近不得　（1995b：101）

當時露背裝確是極大膽的衣著，羅門發揮了高度的聯想力，將之比喻成「沒有欄杆的天井」，之所以「近不得」，是怕墜身其中不能自拔。透過這種婉轉的內心矛盾，讓道德意識與性慾的抗衡心理，表現得十分傳神。從這「大膽」的露背裝，我們就可以讀出羅門經營「性慾」母題的一個心路歷程，他始終擔憂其「隱藏讀者」（implied reader）不能接受太直接的性描寫，所以他設計的接受模式都有一個充滿暗示性元素的場合語境（situational context），負責驅動讀者的主動聯想，以接收他隱含其中的創作意圖。

大體而言，「含蓄」可說是「性慾」母題的第一階段創作傾向；當然她們都是男性視角底下的女體，羅門沒有讓她們披露心聲，她們只是一具具無聲的展示品。上述引證的四首詩作當中，各有其主要意象和意象叢，其中獲得最大交集的就是作爲慾望催化劑的「酒」，以及讓神的道德燭光黯然失色的「夜」。雖然羅門尚未尋獲一個滿意的切入點，尚在遊移；但我們可以隱然察覺到，「乳」、「酒」、「夜」都是「性慾」母題最具潛力的「素材」（Rohstoff）。

其次，羅門對歡場女性／性感女郎的形神描寫相當用心，如「妖眼」的形象深刻且飽含西方情色文化的韻味，「露背裝」和「迷你裙」所引發的內心情慾反應，都是以不急不徐的語調來描述。在許多情況下，語言速度與閱讀速度是呈正比的，作者寫得越流暢（指語言的節奏輕快、意象平平無奇），讀者就讀得越草率，沒有停駐在別有深意的意象之前。上述詩篇的節

奏感強而不快，能讓讀者在舒適的閱讀過程中，仔細體會詩人的種種設計－－尤其某些較需費神去解讀去體悟的題旨，不致於被走馬看花般瀏覽過去。

十年後，羅門寫了一首對其「性慾」母題的經營，具有里程碑意義的〈都市你要到那裡去〉（1986）。羅門在附記中「引述」了美國著名的都市詩詩人桑德堡（Carl Sandburg, 1878-1967）對都市的抨擊：「都市！你是淫邪的！」（1995b：77）❷，這個「警示」對羅門的都市觀起了巨大的影響，因為它「印證」了羅門對都市的成見：「不斷將人放逐在腰下的物慾世界」（同上：77）。在前述四首詩當中，都市是供給聲色的客體，尋歡的都市人才是主體。可是從這首詩開始，他一方面把都市視為一個操控著都市人的形上主體，同時擁有沉淪墮落的習性；另一方面，「都市」一改它在〈都市之死〉中的無性／中性角色，成為男性的同義詞，躍昇到直接與羅門對話的高度（再也不是單方面的抨擊對象）。羅門在本詩的序曲部分，以完全口語化的詩歌語言，「當面」譴責著「你」這個「淫邪的」的都市／第二自然的下流行徑：

> 神看得見，
>
> 都市！你一直往「她」那裡去
>
> 如果說戰場抱住炸彈
>
> 都市！你便抱住「她」——肉彈　　（1995b：67）

「肉彈」是一個十分粗俗卻又十分直接的具體形象，這個「意

象」的出現意味著羅門在「性慾」母題經營上的改變──不再
婉轉地、細膩地去形塑歡場女子╱性感女郎的性誘惑力，或男
性慾望蠢動的內心；不再借助過時的「瑪麗」的性感象徵，來
激發讀者的性幻想；不再營造氛圍和詩趣的情節。「她」被直
稱爲「肉彈」，一具男性沙文主義的「淫器」，在祿山爪下提
供性幻想的「肉」感，以及洩慾的「彈」性。這一節的語言太
過急躁、太過流暢、太過口語，加上羅門取巧地以「肉彈」來
「說明」她的形象與內涵，缺乏經營的語境讓「肉彈」意象非
但無法發揮震撼性效果，反而嚴重傷害了語言的詩質，結果變
成四行散文的斷句。

　　這個一味強調「速度感」的寫作策略，逐漸轉變羅門的敘
述手法，甚至降低了語言的音韻和詩質。且讓我們再度回到羅
門的敘述，看看「肉彈」對那些「腦下班╱心公休（之後）╱
帶著身體╱仍在腰下走╱街上蕩」（同上：69）的下班族的吸
引力：

> 高樓大廈都低下頭來
> 　　　　看她
> 公司行號都轉過頭來
> 　　　　看她
> 餐廳調配好吃慾
> 時裝店打扮好性慾
> 香水帶引著原始的嗅覺
> 一切都有了潛在的去向　　（1995b：70）

人格化之後的都市，連硬體都徹底男性化了，「高樓大廈」和「公司行號」即是一種整體性的龐大性慾；再配合豐美物質的修飾，「她」引發的原始慾望，足以教整個都市臣服，並成爲都市的「潛在的去向」。那裡有「乳峰」、「玉臂」、「雙腿」（同上：72），有「賓館到處接待你／以企業化的速簡洞房」（同上：74），讓「你躺在床的荒野上／讀你美麗的身路歷程」（同上：74）。在這首詩裡，「肉彈」先是化整爲零，由各個性感部位貫穿此詩的敘述脈絡，全程導引都市的「去向」，最後歸零爲一，再以「肉彈」形象終結此詩。但此詩的意象叢沒有發揮正面的功能，「性慾」母題的運作有賴於邀約→開房→上床→交歡→洩慾的全程步驟敘述。羅門運用了許多比喻、隱喻、轉喻的技巧，從動作的側面來傳達強烈的尋芳與交歡的信息。

　　一六三行的冗長敘述，儘管羅門企圖將之提高到物質文明的性行爲典範層次，但一言以蔽之，它不過是「都市人的性慾渲洩過程」而已。詩裡許許多多的景物如「希爾頓」、「賓館」、「碧麗宮」、「豪華酒店」、「彩色噴泉」、「文化中心」、「教堂」等等，在速度感十足的敘述過程當中，意象叢和佈景事物像走馬燈一樣的掠目而過；從某個角度來看，羅門呈現了一幅本身就沒有思想深度可言的都市夜生活景觀，炫目繽紛、聲色犬馬，可是對讀者來說，不正是一次「現象的速讀」？

　　文本中的「都市／男性」在作者的敘述與旁白裡，十分被動地演出預設的劇本，我們讀不到它／他的心理活動，當然更

讀不到女性出賣靈肉的動機與心理。她在羅門的「性慾」母題底下依舊無聲，僅見其肉體與動作。因爲在羅門強烈的主題意識下，「肉彈」這個女性形象最能讓他用來鋪展都市的「性慾」，清純的學生形象或賢良刻苦的婦女造型都不「適用」；他在大幅修訂過的新版〈ＢＢ〉一詩中，還特別註解以說明「ＢＢ就是風騷女郎，都市文明的肉彈」（1995k：169），似乎只有「肉彈」才能代表「都市文明」的女性。

　　「性慾」母題經營至此，顯然已到了盡頭。其後，羅門僅在某些詩作的局部敘述中，沿用這個負面的女性形象，譬如〈眼睛的收容所〉（1989）一詩中的「跟女人乳峰上下跑的眼睛」（1995b：104）；〈搶劫與強暴〉（1989）中的「她胸前隆起的乳峰」（1995b：132）；〈後現代Ａ管道〉（1990）裡的「有人將文化裸成她的胴體／有人把崇高／豎立在女人的乳峰上」（1995b：152）；以及〈主！阿門　平安夜〉（1991）裡的「反正今夜／…………／最高峰的　還是乳峰／不是聖母峰」（1995b：112）。這些「乳峰」早已淪爲該首都市詩的意象或道具之一，我們再也讀不到更深入的「性慾」詩篇。

　　經過上述五首詩的分析，以後續詩篇中的摘句，我們已掌握了足夠的論據：羅門「性慾」母題中最具指標（indicator）功能的意象，即是「乳峰」，它是「肉彈」的首要特徵。包含「乳房」、「雙乳」、「胸」在內，僅僅《羅門創作大系・（卷二）都市詩》一書，前後出現十次之多（1995b：72,73[×2],79,89,90,104,112,132,152）。這種「局部代全體」的「**縮**

寫」，是一種太小的焦聚，以導致羅門在刻劃女性形象的過程中，錯過且流失了其他更重要的元素（譬如心理和表情），同時也忽略了其他非肉彈的一般都市女性的角度扮演。所以我們在羅門自行圈選的都市詩範圍內，所讀到的盡是完全負面的女性形象，一如他在〈都市心電圖〉（1990）中所言：「電視機與女人／將主要的時間和空間／耗光」（1995b：120），女人非但沒有任何正面價值，還跟電視併列為男人生命（時間與空間）的兩大耗損者。尤其在「性慾」母題當中，女人幾乎被視為都市男人之所以縱慾、之所以進行性交易、之所以道德淪喪、之所以「淫邪」的「罪魁禍首」！

　　總的來說：羅門在六〇年代末期剛開始經營「性慾」母題的時候，受到當代較樸素、保守的民風與閱讀／書寫習慣的約束，其修辭策略是較為保守、含蓄的，他運用了許多暗示性的意象來烘托題旨，同時亦致力於人物心理、情節、氣氛等方面的描寫，語言節奏則保持在適中的速度，不急不徐，對「性慾」母題有相當內斂、極富詩趣的刻劃。其創作意圖僅僅是對某些社會現象加以描寫，略帶一點嘲諷與批判。一旦進入八〇年代後期，較開放的社會風氣與創作環境解除了所有的束縛，在強調「速度感」的語言策略下，羅門在其「性慾」母題的長篇力作〈都市你要到那裡去〉中，引進了大量現代都市的浮光掠影，企圖從更宏觀、更尖銳、更赤裸的角度來呈現此一母題，對現代都市的「淫邪」進行全面且嚴厲的抨擊；由於速讀／速寫的語言策略使然，無法深入問題的癥結所在，也談不上虛無感或

任何哲學性的思考。

　　此後，「性慾」母題化整爲零，在後續詩篇裡僅以「乳峰」意象作爲都市女性的代名詞，大規模的經營已不復出現，但其意圖仍舊是多角度反映／揭開都市的邪惡面孔，不過「性慾」已退居攻擊點之一。由此，我們可以判讀出羅門「性慾」母題的書寫策略，確實受到時代風氣、語言速度、選材觀點、創作意圖、隱藏讀者等諸多因素輕重不一的影響。同樣的現象也出現在「物慾」母題的運作上，只不過各項因素的影響有不同的比重。

第二節　「物慾」母題：消費現象的速讀

　　如果我們去觀察或分析一座都市的性格，在獲得任何結論之前，我們都必須先解決一個問題：究竟是都市在塑造都市人的性格，還是都市人在塑造都市的性格？

　　台北市是一個盆地，先天上就有空間的侷限性，將一片狹小的盆地發展成首都，其結果就是大樓緊偎著大樓，只靠街道撐出網狀的瘦長天空，狹小的公共活動空間也不容許滯留，龐大的商業交易量也得在最短的時間內消化，所以「速度」成了運用空間的第一守則。在這個視界封閉、充滿黏滯感的方形空間裡，都市人在上班時間尤其感受到巨大的工作壓力，致使下

班後的都市人更需要休閑活動來舒展心靈的鬱結，讓心靈逃逸
到疲累的現實世界之外；因此發展出各種小面積、高消費的消
遣形式與空間，如咖啡廳、酒廊、電影院，乃至後來的ＭＴＶ、
卡拉ＯＫ和ＫＴＶ。結果是，都市人越來越傾向自閉情態，於
是一個公共社會被割裂成無數個互不干擾的「微社會」（micro
society），人們即使蝟集在一起，然其心理卻是孤立的。

　　可見不同的都市提供不同的性格發展方向，透過心靈和感
官隱約地規範著都市人的生活及思考模式；然後他們反過來制
定都市未來的軟硬體建設，形成一個惡性的循環。尤其對一個
不斷湧入大量外來物質與資訊的商業都市而言，貨物的進口數
量與消費速度，同時意味著都市人沉溺於物質生活的程度。儘
管羅門沒有將這種都市生活情態提高到「物化」的層次來討論
（其理論之邏輯分析，詳見本論文第三章第二節，在此不贅），
但他對「物慾」母題的經營成果，已具備了相當的討論價值。

　　「物慾」即是追求物質享受，或企圖擁有超乎生活所需之
物資的內心慾望。尤其對每一個艱苦地生存在這個物質文明裡
的此在來說，物質的消費與擁有，似乎被視爲承受生存壓力所
得之「代價」。而且他們越是企圖透過消費能力的晉級，來掙
脫存在的黏滯感，就越身陷於物質流沙當中，無法自拔。在羅
門的解讀裡，都市是「展示物質文明的櫥窗」（1995b：51），
更是「被眾目圍觀的大櫥窗」（同上：40）。「櫥窗」激起了
都市人消費／擁有物質的慾望，在〈都市之死〉羅門對櫥窗的
角色有十分貼切的描述：

> 櫥窗閃著季節伶俐的眼色
>
> 人們用紙幣選購歲月的容貌
>
> 在這裡　腳步是不載運靈魂的　　（1995b：59）

不同季節都有不同服飾潮流，這些物資以最誘人的視覺效果展示在櫥窗裡，之所以「伶俐」是因爲它們在品質、佈置和價碼上，都有高明的行銷策略在護航，故能靈巧地突破消費者的心理防線，引爆他們的購買慾。無論正值青春或逐漸老去的「歲月」，都需要外在的衣裝來美化她／他們的「容貌」，這種消費行爲是純粹「物慾」的，而跟「靈魂」無關。這首一九六一年的力作所處理的主題十分龐大，「物慾」只是其中一環，所以並不顯著。二十年後，羅門針對都市人的普遍工作心態，寫了一首〈提００７手提箱的年輕人〉（1981），全詩如下：

> ──他夢見００７是造在乳峰上的一座水晶大廈

> ００７是歲月的密碼
>
> 　　只打開明天
>
> ００７是高速公路上
>
> 　　最帥的速度
>
> 　　不往後看

> 提著００７
>
> 整座城跟著跑

　　跑到「下午三點半」

　　在銀行放下的鐵柵前

　　他不是提著一座天堂

　　　便是提著一座墳　　（1995b：102-103）

「００７」是一個裝公文用的皮箱，即是事業的隱喻。它之所以是「歲月的密碼」，乃因爲裡面鎖著他的未來（明天），他全部的人生希望都隱藏其中，透過解碼／詮釋，我們就可以了解這個密碼如何銬緊他的命運，又同時給予他往前衝刺的毅力。我們不能說他陷入達達式的虛無，他有非常積極的物質目標，他在事業上最終的目標是獲得美人與地位，尤其象徵著莫大成就的「水晶大廈」──它是當時最盛行的現代主義建築風格，在商業社會中扮演著地位守門人的角色，他必須擁有它以肯定自己的社會地位。作爲主要意象的「００７」，即是一股強大的「物慾」，無時無刻不在驅動他的生命──每天提著００７滿城跑，直到銀行結束營業爲止。可是他的生命已經墜入沒有思想的非本真結構（Unigentlichkeit）當中，成爲都市上班族的一個「公式」，我們可以任意在「他」的角色位置上，「植入」千萬個被相同的生存目標平整成常人的上班族。他（們）自以爲提著一個充滿憧憬的天堂，其實是一座不斷耗損生命的墳，疲以奔命的一生就爲了那永不滿足的「物慾」。

　　上述由「００７手提箱」、「銀行」、「水晶大廈」等意象架構起來的「物慾」母題，大致上頗能反映白領階級的生活情態，尤其社會新鮮人更是如此。在語言技巧上我們發現〈提〉

詩的表現平平。此詩有口語化的傾向，而且由於篇幅短小，讀者對詩人所企圖傳達的訊息較能掌握。在語言表現真正談得上速度感、現場感和行動感的佳作，當屬〈「麥當勞」午餐時間〉（1985）。這首詩從文化斷層的角度來處理「物慾」母題：

> 一群年青人
> 　　帶著風
> 　　衝進來
> 被最亮的位子
> 　　拉過去
> 　同整座城
> 　坐在一起
>
>
> 　窗內一盤餐飲
> 　窗外一盤街景　　（1995b：84）

一群由都市文化培植出來的時代青年，踏著如風般輕快的語言節奏，溜進這個明亮的畫面，回歸到屬於他們這個世代的速食文化位置，這是他們的「物慾」滿足模式。它代表一種流行的生活樣式，已非單純的餐飲需求。窗裡餐飲制式化的速食本質，與窗外無深度地川流不息的街景，緊緊地契合在一起。簡短且斷句精準的文本，完全扣上都市生活的步調與消費型態。

　　此詩第一節成功地營造了明快的畫面，讓第二節的中年人顯得格格不入，在文化層次上產生輕度的衝突——這兩三位被

迫調適固有的飲食習慣，而感到疲累的中年人，不由自主地將
「手裡的刀叉／慢慢張成筷子的雙腳」（同上：85），潛意識
裡的慣性仍然駕馭著用餐的形式。他們之所以來吃麥當勞，那
是因爲它已經成爲最具時代性的「文化入門之物」（cultural
primer），「親身體驗」過麥當勞的飲食方式，是一種趕時髦
的消費心理。第三節輪到老年人，令人意外的是他並沒有「立
刻」引起更大的文化衝突，反而處於一個自我矮化的情境：

> 一個老年人
> 坐在角落裡
> 穿著不太合身的
> 　　成衣西裝
> 吃完不太合胃的
> 　　　漢堡　　（1995b：86-87）

這是個東方老人被西方衣著和飲食文化強暴／殖民的畫面，這
裡不屬於他，他惟有「枯坐成一棵／室內裝潢的老松」（同上：
87），或許是一種人群蝟集心態使然，令他來到這個熱鬧的「文
化異域」進餐。儘管他已全力抵禦新時代對老人的淘汰力，穿
上「不太合身的／成衣西裝」，但他萬萬沒有料到，麥當勞裡
的速食形式和節奏，已「取消」了舊社會裡進餐的儀式性及相
互的溝通時機，令顧客與顧主、顧客與顧客之間的人際關係，
更形冷漠與孤立（李志清，1996：33）。雖然他像棵老松般孤
坐於一隅，其實心裡充滿了渴望，一旦忍不住自言自語起來就

不可收拾：

> 不說話還好
> 一自言自語
> 必又是同震耳的炮聲
>
> > 在說話了　　（1995b：87）

多麼傳神、精確的內心及形象刻劃！在舊社會餐館裡的食客都高談闊論慣了，尤其老人家重聽，往往嗓門都提得很高，這才是他們真實的文化性格。羅門在假設如果老人在此開口自言自語，必定是鞭炮般的高分貝，令讀者在替他感到尷尬，感到難為情之際，一般沉重的同情隨之油然而生。

這首詩裡的「物慾」母題是多元化的，成群的青年人是基於時髦性的消費心態，結伴的中年人更有不願落伍的動機，孤單的老年人則想蝟集於人潮之中，感受生命的熱度，同時帶著怕被時代淘汰的畏懼心理。

「麥當勞」和「刀叉／筷子」是架構起此一「物慾」母題的兩大意象。前者是文化的殖民主，後者則是東西方飲食文化的首要交鋒據點。「筷子」作為手中「刀叉」之潛意識形態，在這個場合語境當中，完成了羅門所賦予的文化衝突之大任，刀叉與筷子即是生活禮儀的衝突，也是潛意識的不協調。如果少了「刀叉／筷子」的「內在文化轉換」，「麥當勞」對三個年齡層的文化殖民勢必無從抵卸。

可是問題也出在「刀叉／筷子」──這是羅門在描述麥當

勞的速食文化時，所犯下的一個不可原諒之錯誤——用「刀叉」
進餐，那是西餐廳裡講究用餐禮儀的精緻餐飲文化！吃漢堡是
不用「刀叉」的！羅門也許真的逛過麥當勞，也許曾經心不在
焉地吃過漢堡，但他對速食文化的觀察偏於「現象性的速讀」，
沒有深入其中，連速食的基本用餐形式都掌握不了，成爲這首
都市詩傑作最大的遺憾。

　　羅門寫「麥當勞」是因基它對現代都市飲食文化的巨大衝
擊，「卡拉ＯＫ」的大量湧現，以及它對都市休閒方式的急速
改變，同樣的令羅門不得不去正視它。在羅門的觀念裡，「『都
市詩』根本上是受『都市』的監控」（1995b：47），一旦都
市的任何一個環節出現結構性的變化，他的詩筆馬上鎖定目
標，然後長驅直入，加以抨擊。

　　台北市的塞車狀況和交通工程，導致歸家的「動線」
（circulation）曲折斷裂，下班族被迫滯留或改變動線，在
歸家之前先到附近的聲色場所消費一番（李志清，1996：16-
17）。卡拉ＯＫ就是因應這種需求而出現的消費形式，羅門則
因應它的出現寫了這一首快節奏的〈卡拉ＯＫ〉（1987）：

　　　腦空出來不思
　　　心空出來不想
　　　全交給身體動
　　　四肢是燃燒的高壓電路　　（1995b：93）

羅門筆下的卡拉ＯＫ屬於發洩體力的消費行爲，近乎舞廳的變

形，到此消費的都市人思想淨空，心靈淨空，唯一的目標就是「把生命跳到肉體的位置」（同上：94）；在這種達達式的「虛無／忘我」的心理狀態下，所有的生活和工作上的負擔、壓力、不滿、茫然和挫折，統統「虛無」掉了，整個世界都不復存在，那「還有甚麼不ＯＫ」（同上：93,94）？這種消費行爲浸透到學生階層，其結果就是：

> 道德經在國文課堂裡打瞌睡
> 卡拉ＯＫ在腳下猛跳
> 即使卡拉跳昏了過去
> 嘴仍吐著啤酒泡沫
> 　　　叫ＯＫ　　（1995b：93）

這種消費模式足以讓學子和下班族沉溺於「物慾」之中，消耗掉時間和精力，變成一種以消費來實踐人生的「消費人」（詹宏志，1996：177）。在後續詩篇裡的發展，卡拉ＯＫ逐漸成爲「物慾」母題的一個代表意象。讓我們例舉一些詩句來管窺它扮演的角色：「反正今晚／最ＯＫ的　還是卡拉ＯＫ」（1995b：112）；「被卡拉ＯＫ叫破喉嚨的都市」（同上：122）；「卡拉ＯＫ到不了坐看雲起時」（同上：143）；「直跟著失眠的都市／…………／一起卡拉ＯＫ」（同上：156-157）；「連最不想睡的卡拉ＯＫ／都打哈欠關燈了」（1993：98）；「卡拉ＯＫ／一路ＯＫ過來」（同上：112）。

　　從上述引文中可以看出：卡拉ＯＫ已經是羅門描寫物質文

明的一項要素，是都市生活中的一個重要環節。但就「物慾」
母題的角度來審視，「卡拉ＯＫ」的意象在〈卡拉ＯＫ〉一詩
中已經營到作者視野的頂點，之後羅門停止開發它的社會角
色，僅停留在「渲洩體力」的現象表層看待它，後續出現的僅
僅是原型的片段。詩人羅門完全忽視了卡拉ＯＫ背後所蘊藏的
意義以及其正面功能，例如它不但可以消除族群份子之間的疏
離感，建立新的人際關係，甚至能消除代溝、調劑精神情緒、
舒解生活及工作上的壓力，讓被體制馴化的身體回拾野性及自
主性。赴卡拉ＯＫ唱歌這種消遣活動本身具有相當複雜的社會
學內容，非常值得探討，實不宜予以片面否定。

　　接著是語言的問題，羅門在描述卡拉ＯＫ裡都市人狂歡的
表象，所用的語言十分口語化，可是又缺乏足以凝聚訊息的意
象，而且太過順口的敘述沖淡了詩質，許多句子近似記敘文（如
此詩第二段引文），詩意蕩然無存。最後，我們再引一段〈都
市　此刻坐在教堂作禮拜〉（1991）裡的詩句來印證這個現象；
羅門在加快了語言速度之際，常使題材流於浮面，讓詩質大量
流失：

　　　　被櫥窗看花了眼的都市

　　　　被股票抬上抬下的都市

　　　　被咖啡杯酒杯倒進倒出的都市

　　　　被卡拉ＯＫ叫破喉嚨的都市

　　　　被休閒中心閒得更緊的都市　　（1995b：122）

「櫥窗」、「股票」、「咖啡」、「卡拉ＯＫ」、「休閒中心」

都是「物慾」母題中常見的意象，可是在羅門蜻蜓點水般的「３
６０度掃描」下（因為它們廣佈於都市各處），僅僅成為一堆
名詞的羅列（譬如股票和股票族就缺乏探究），句型也十分僵
化（它同時成為羅門許多後期詩篇所遵循的模式）。羅門對上
述視覺意象的迷戀，讓他不自覺地以對仗整齊的詩句將之大量
羅列，形成一種強調速度感的慣性操作。這種「視覺性／現場
感」的速讀，不但沒有投射出社會經驗的省思，反而拘限了羅
門對事物的挖掘深度。他將現象速讀的結果，就是被讀者「速
讀其速讀」，走馬看花一無所獲。

綜觀羅門在物慾母題上的表現，異於性慾母題對女性的「縮
寫」，他企圖多角度書寫都市人對物質生活的沉溺，從工作、
飲食到歡唱狂舞，屬於「廣角鏡」般的書寫，雄心勃勃地想囊
括一切消費現象，進而緊扣社會的脈動──尤其當時新興的消
費形式（如麥當勞與卡拉ＯＫ）──揭示其中的文化衝突。他
能切入核心的佳構也不少，例如〈提００７手提箱的年輕人〉
和〈「麥當勞」午餐時間〉即是；可有時卻只捕捉到現象便匆
匆下筆，其語言速度與題材深度之間既呈明顯的反比例，殊為
可惜。

然而物慾的追求不是每個都市人的權利，還有許多低收入
戶、藍領勞工，他們係為了生存而謀生（假設去卡拉ＯＫ狂歡
的是他們，其中會有更多值得分析的心理因素）。這些非關物
慾的都市生態結構裡的低層生物，他們的生存狀況同樣值得探
討。

第三節　「非關慾望」：被忽略的族群

　　在本章緒論部分已經談到羅門過於焦聚在性慾及物慾兩大母題上，而忽略了兩個重要的族群：（一）一般都市女性：她們在舊社會到新興商業社會轉型中，由原來單純的主婦角色，轉變為新的都市女性；（二）都市生態結構底層的藍領階層：他們才是都市真正的建設者，無論硬體建築或軟體的服務。

　　在這裡，「忽略」指的是心態上的「不重視」。其實羅門在《羅門創作大系·（卷五）素描與抒情詩》的第一部分〔素描詩〕當中，對傳統家庭主婦、風塵女郎、女祕書、女企業家、情婦、派報生、擦鞋匠、餐館侍者、歌女、拾荒者、建築工人、馬路工人、玻璃工人、垃圾清潔工人、礦工等等都有著墨，他們都是都市的一分子，可卻被羅門排除在都市詩卷之外。

　　羅門為這些「描素詩」在一九九五年所寫的前言，雖非上述詩篇創作時的思考紀錄，不過我們還是從這一則深具「自傳」意義的創作觀，讀出一些潛藏的訊息：

　　　　帶著詩的搜瞄鏡，通過人與物紛陳錯綜的現實社會生存
　　　　環境，總難免留下一些較特殊的生命影像在鏡頭裡。

　　　　　　　　　　　　　　　　　　　　（1995e：39）

爲何羅門對搜瞄後留下的「特殊的生命影像」，會有一種「總難免」的感覺？彷彿在潛意識裡那並非「搜瞄」的目標，而是一些無法避免的、無可奈何的影像，既然搜了進來就得去處理。換言之，這些特殊的生命影像「理應」被排在都市的搜瞄之外。這群對羅門都市主題發揮不了作用的小人物，各自具有一已之「特殊」生活情態，他／她們都不足以建構成一個普遍的都市現象，譬如沉淪聲色或虛無自棄。我們有理由相信，基於缺乏書寫價值，他／她們才被摒棄在都市詩卷之外。難道羅門關心的只是「都市現象」，而非「都市人」？

對許多讀者而言，想讀的未必是快節奏的現象描述，因爲我們已活在現象之中，我們更需要知道的是整個都市生態結構，尤其在我們忙碌的生活視野之外，究竟其他人在做甚麼？如何謀生？如何活存？黑暗面裡的眾生百態是否比身邊的瑣事更有吸引力？亦有另一種省思的價值？可惜的是，羅門只寫了這麼幾首有關都市生態的素描，其中唯一可以從「性慾」母題中突圍而出，一雪都市女性之沉冤的佳構，當屬一九八三年的組詩〈女性快鏡拍攝系列〉。它由六種女性角色組成：「瘦美人」、「標準型風塵女郎」、「大眾牌情人」、「老牌式主婦」、「ＢＢ型單身女祕書」、「老處女型企業家」。前三種籠罩在「性慾」母題的影陰之下，不必再討論；後三種對都市女性的社會角色之轉變與不變，有相當寫實的刻劃。不變的是〈老牌式主婦〉：

乳嘴咬去她三分之一

　　菜刀切去她三分之一

　　剩下的　用來繡

　　　　愛鳳床單　（1995e：46）

在傳統社會中，男性被要求獨立自主，而女性則依賴服從，這種意識形態經由家庭、教育、傳媒的傳播強化，使得性別角色的非常更形僵化，限制了人格的發展（葉至誠，1997：182）；於是在性別階層中，女性便成為男性的「附屬團體」（subordination），與家務性勞動連結，造成女性地位的低落與權威的消失（同上：189-191）。這首詩以模式化的婦女生活，生動地刻劃傳統婦女性別角色的臣屬地位，她（們）一輩子都在為家庭勞碌，「在產房／廚房／臥房／她走進走出」（1995e：46），始終沒有越出「家」的範圍，縱使整個社會已邁入新興的都市文明，女性權利逐漸抬頭，但她的生活空間仍然封閉在舊社會的體制裡，哺育孩子、燒飯煮菜、處理家務。機械化的生命就在「賢妻良母」的舊社會規範之下漫渡，中年以上的婦女尤多如此，大多默默地駐守在都市的公寓裡。至於踏出廚房走入社會的職業女性又如何呢？是否能擺脫父權社會對她們的角色期待？〈ＢＢ型單身女祕書〉裡的職業女性，主要事務是記錄「客戶要的貨色／與交貨時間」（同上：48），可是下班後還是得陪總經理去「玫瑰餐廳」應酬。在她塗上玫瑰色的口紅之後，她——

　　忽然發現自己

　　也是一種貨色
　　　玫瑰色的
　　　準時交貨　　（1995e：48-49）

這是當時的國片裡頭常見的一個情節，年輕貌美的女性祕書，其角色表面上是商業意義的，可她真正被賦予的更大使命是以美色去應酬客戶。羅門先以「貨色」、「交貨時間」、「玫瑰餐廳」埋下伏筆，然後再將ＢＢ（肉彈）女祕書的形象與伏筆結合在一起。可貴的是，文本中的女祕書原確實用心在處理業務，所以才會「忽然發覺自己／也是一種貨色」，這份錯愕與覺悟，道盡年輕女性在男性掌控的商業社會裡，無可避免的角色與理想之間的衝突，不管她多努力，始終擺脫不了ＢＢ的角色框架。如果沒有這個「發覺」，此詩的深度就停留在國片情節的層次。

　　〈老處女型企業家〉則代表另一種都市女性的前途，事業成功，坐擁企業的高位與財富。像這種高成就的女強人，已經動搖了父系社會的權力結構，對任何男性而言都會形成一股心理壓力，甚至威脅感──事業成就被超越的恐懼。等她成功地「把世界存放在銀行」（1995e：49）的時候，青春年華卻早已隨那一疊疊的支票開了出去，可她仍舊是個「老處女」（同上：49）。等她回到空閨，卸下名貴的裝飾、熄了燈之後，她

　　只有那襲綢質透明睡衣
　　抱住一個越來越冷感的夜　　（1995e：50）

睡衣「透明」才能讓慾望滲透出去，「綢質」則讓這份裹不住的渴望披上纖細的質感，殘忍的是，她僅能擁抱「一個越來越冷感的夜」，火烈的渴望被澆熄成冰冷的孤寂，在此詩人對事業成功的女強人的心理，刻劃得相當深刻而且生動。

　　上述三個都市女性的生活素描——被婚姻囚禁在斗室裡的傳統主婦、掙脫不了男性價值觀及權力規範的單身女祕書、太過強勢而陷入孤境的女強人——分別代表女性在現代都市裡的三種普遍困境，同時包含了心理和生理的層面，生活模式和事業理想。進一步歸納其中因素，還不是男性沙文主義在作祟？他們就是一具籠子，而女性則被視為不可叛逆的「寵物」，或牢牢地將之囚住，成為伺夫育子的主婦；或把玩那隨時奉命應酬的祕書；對那逃出沙文主義囚籠的脫兔（女強人），則敬而遠之。這三種都市女性形象，都應該納入都市詩的範圍內，彌補都市詩卷將女性「縮寫」成單一形象的缺失。

　　不過我們不得不指出，羅門嚴重忽略了第四種都市女性：「有配偶的職業婦女」。根據謝高橋和黃俊傑的研究資料顯示，有偶婦女在一九八一年的勞動參與率為３１・４２％，至一九八九年已攀昇到４３・６５％，雙薪家庭成為新趨勢（葉至誠，1997：157）。職業女性瓦解了大家庭的權力結構，改變了女性的社會角色。這種女性角色是不容忽視的，因為她們在羅門寫這首詩的時候，已經佔了三分之一的比例，而且推動著女性地位與家庭結構的雙重轉變。接著我們要將「速讀」的鏡頭緩慢下來，轉向都市生態結構的底層。

其實並非整個都市裡的人群都陷入「物慾」的漩渦當中，還有許多都市人艱辛地活著，慾望被苛刻的生存環境搾壓得近乎枯萎，勞力工作對思考功能的麻痺與蠶食，更是一種生存的悲劇。他們的生活情態一直冷落在羅門的都市詩視野之外。其實羅門對這些勞動及服務業的都市族群也有相當的了解與關切，但基於都市詩的寫作策略，他們很不幸的被視爲「可供素描」的影像，黯然地佇立在都市詩的圍牆之外。

卡謬曾經說過：「要了瞭一個人就必須了挖他怎麼營生」（轉引自：葉至誠，1997：557），社會學家休斯（Everott Hughes）則認爲現代人的職業角色決定了他們的生活型態、人生價值取向，以及社會評價。社會大眾都習慣以某人的職業角色來涵蓋他全面的存在，譬如說：「他是位工人」，職業凌駕於人格之上。同時就因爲工作是人生壓倒性的內容，所以許多人便從中尋找他的存在價值（同上：557）。於是「工作性質＝存在意義」、「薪資收入＝存在價值」。

〈都市的五角亭〉（1969）這個具有暗示性的組詩篇名下，就涵蓋了五種服務業：「送早報者」、「擦鞋匠」、「餐廳侍者」、「歌女」、「拾荒者」，他們的工作就是服務廣大的消費者，他們的存在意義即等同於一座供人憩息的亭子。這種感覺「餐廳侍者」最能體會：

> 在白蘭地與笑聲湧起的風浪裡
> 遊艇與浪花留一些美麗的泡沫給他
> 對著滿廳紊亂的食盤

　　他摸摸那隻飛不進花園的黑蝴蝶

　　　摸摸胸前那排與彩券無關的號碼

　　　摸摸自己

　　他整張臉便被請到燈的背面　　（1995e：60）

餐廳的侍者經常得面對酒客豪飲和杯盤狼藉的場面，這份侈奢背後的經濟能力與社會地位，壓迫著黑色蝴蝶結所代表的侍者身份，令他感到更加渺小、更加無力，他不過是一個被呼來喚去的號碼，空洞而且沒有尊嚴，想到這裡臉色便黯然地轉到光線背面去。透過這麼個簡單的「摸號碼」動作，我們讀出他內心的痛苦——不甘心淪爲都市消費機器裡的一枚鏍絲釘，偏偏基於某種因素又不得不如此。令人欣慰的是，他仍然意識到生命的價值與憧憬，並非一具被存在環境麻木掉的「活體」。羅門深沉地勾勒了侍者的現身情態，其中更蘊含了同情與期待。不過餐廳侍者在都市中還不算處境悽慘，「拾荒者」的生活才是黯淡無光的：

　　他在沒有天空的荒野上

　　　走出另一些雲彩來

　　　在死的鐘面上

　　　呼醒另一部分歲月　　（1995e：62）

他活在都市最髒亂的地方，「鼻孔是兩條地下排水道」（同上：62），但他並沒有因此對人生絕望，他要求自己能安貧樂道，適性逍遙；他努力地走出一些屬於自己的雲彩，在沒有事業前

途的生命歷程裡，活出某些意義來——都市需要他來淨化入夜後的髒亂，他也只能在這個角色裡尋獲存在的價值。「歌女」跟拾荒者一樣充滿辛酸，「擦鞋匠」則對人生感到一片茫然，派送早報的「送早報者」呢？雖然他（們）表面上扮演著重要的角色：

> 「昨日」像花園被他搬了回來
>
> 人們的眼睛擦亮成瓶子
>
> 等著插各色各樣的花　　（1995e：58）

在這首詩裡，羅門已明顯地把焦點設定在「昨日」的新聞，人們等待的也是新聞，派報生只是負責傳遞與滿足這份期待的工具。派報生一方面在傳遞都市的「昨天」，另一方面則遞出本身的「今天」，獻給這份機械性的工作。儘管他們活得多麼空虛，可是都市不能缺少這些人來滿足消費階層的生活需求，他們的生命是被都市消費了，但他們卻不能放棄這份藉以活口的職業。詩人說「他死拉住都市不放，都市也死拉住他不放」（1995e：58），這是現代都市裡最為普遍的生存悲劇。

　　另一組〈都市三腳架〉（1985）則在暗示「建築工人」、「馬路工人」、「玻璃工人」對都市硬體建設的角色意義。建築工人的職務是「把樓頂與天頂／不斷拉近／讓發亮的皮鞋們／將電梯當天梯／踩上去」（1995e：63），都市的文明形象因此而更加輝煌，但他呢？下班後回到家裡，「低頭進土屋／他看自己與／米酒／鹵菜／在排著昨天／今天／明天」（同上：

63）！繁榮的都市並沒有同時改善他的生存狀況，日子灰暗得毫無希望可言。玻璃工人建造了水晶大廈的玻璃外衣，讓它們反射著如湖泊般的美麗天光，但他用血汗換回來的卻是：

> 他入睡
> 也夢見自己的臉
> 　　在自來水中
> 沖洗著歲月的落塵　　（1995e：67）

水晶大廈對他而言僅僅是一座物質文明的蜃樓，他無法去擁有或去享用它，卻得消耗生命和歲月來造就它的美麗。馬路工人何嘗不也是如此？那千萬條「從他手中出去的路」（同上：65），都沒有特別的意義，他唯一關心的反而是下班回家時的「路況」。

　　由於勞力生產過程與生產結果之疏離，帶來勞動者本身的疏離；勞動已經脫離勞動者而成爲獨立存在的客體，不再是勞動者的本性所能完全操控的內在存有物。勞工在硬體建設中不再勝任愉快，反而否定自己的存在價值，工作亦變成一種無奈。在這種疏離的工作情境中，勞動者已經成爲馬克思（Karl Marx，1818-1883）所謂的「疏離人」（alienated man），不再認識自我，身不由己地淪爲產品的製造者（葉至誠，1997：145）。這種生命與工作徹底割裂的生存模式，即是都市生態結構底層的特徵，

　　或許正因爲羅門沒有將這些大都市裡的小人物納入都市詩

的範疇內，因此避開了「速度感」、「現場感」的創作要求（以
及可能的弊病），讓他在「素描」這些小人物時，兼顧到他們
的工作意義、存在價值和心理狀態，無形中就寫得比較細膩而
且深入。這些詩篇在訊息的傳達上十分精簡而準確，而且偶有
巧喻，但整體的修辭表現和意象經營得還不夠突出（譬如將派
報生寫成「送早報者」，便十分拗口）。

　　無論如何，這兩首〈都市的五角亭〉和〈都市三腳架〉，
實實在在地描寫了各行各業的服務人員與維修工人的心理實
況，他們更是維持都市機能運作的「軟體」與「硬體」，缺一
不可。由於他們正好站在「物慾」消費群的反面，將他們補進
去，羅門的都市生態結構才真正完整。

小　　結

　　雖然我們不能確定飛航經驗對羅門觀察事物的視角，究竟
有多深遠的影響，但從他對「速度感」的敏銳反應與要求，可
以獲得一些有力的「旁證」。我們甚至可以大膽的進一步推斷，
高空、高速飛航給羅門一種宏觀的鳥瞰視野，並培育出大刀闊
斧的雄渾氣魄（如第三章所述）。另一方面它卻也侷限了羅門
對事物的挖掘深度，因為高速的觀察僅能瀏覽流逝中的景物，
「速度」往往捕捉到的是沉澱現象之表層，只有停駐於現象之

中才能「挖深」。至於高空的鳥瞰，固能見大地之經緯，卻難察山川之肌里，所以專注於物慾和性慾這兩個龐大的母題而錯失了其他都市生態，無法真正「織廣」。惟獨在他「慢下來」的時候，較能不急不徐地營造氣氛，勾勒人物之神情形貌，安排峰迴之情節。

　　最後我們回到兩大母題的意圖分析：羅門之所以會致力於「性慾」及「物慾」母題的書寫，是因爲「都市」大量生產物慾和性慾，它們是導致都市人墮落沉淪、形下靈空的主凶。當然，人格化的「都市」並非真正的對象，它是「都市人＋都市空間」的簡寫，人在此一空間裡的精神及軀體活動才是都市真正的內容，物慾和性慾都源自都市人本身的需要與供給。都市人長時間活存在充滿黏滯感、視界封閉的方形空間裡，承受著生存的壓力，除了透過「窗」所象徵的精神逃逸口，抽象地舒解心理的苦悶之外，他們更可能選擇的逃逸方式是「精神的麻醉」或「肉體的舒解」。前者讓「物慾」源源不絕地萌生，用消費來「充實」心靈的空虛，蝟聚於狂歡的人群當中；後者則透過「性慾」來舒解肉體所承受的工作疲累。在羅門眼裡，這全是不可原諒的沉淪，是此在最惡劣的非本真結構，不得不嚴加抨擊，並赤裸裸地把罪惡的根源「慾望」指出來！這便是他的意圖所在。

　　從羅門對都市女性之縮寫、消費現象之速讀，到被忽略的族群，我們清楚窺見他經營兩大慾望母題的意圖與技巧、掃描都市文明所暴露的視野侷限，以及強調「速度感」語言策略的

表現與缺失。如果我們將此章梳理出來的完全負面的都市人「心象」，與第三章裡論述的充滿生存壓力的，黏滯的方形空間結合在一起，便形成一股龐大的、灰暗的都市氛圍，彷彿電影中的世紀末都市景象，亂葬著苟活的物質心靈，迷漫著低迷、悲觀的氣息。

【註釋】：

❶蘇珊．蘇雷門（Susan Suleiman）曾在《權威小說》（*Authoritarian Fictions*）一書中探討「主題小說」（roman à thèse），她指出：

> 主題小說是一種寫實小說（也就是說，奠基於擬真和再現的美學觀），它傳遞給讀者的訊息主要是說教式的意圖，設法顯示某一種政治、哲學或宗教學理的真義。

主題小說往往為了證明某種現象而有不忠於現實之嫌；出於顯示真理的意圖，它經常主觀地扭曲了現實世界（彭小妍撰，龔鵬程編，1995：252）。就羅門在都市詩中對女性形象的描述而言，確實犯了類似主題小說的缺失。

❷林綠曾在〈都市與性——論羅門的都市詩〉一文中討論過這個問題（收入鄭明娳主編，1995：436-437）。桑德堡在〈芝加哥〉（*Chicago, 1916*）一詩中，描述了芝城的血腥暴力、喧囂狡詐的都市性格，並以白描的手法寫下這段被局部引用的詩句：

They tell me you are wicked and I believe them, for I have seen your

painted women under the gas lamps luring the farm boys.

（Carl Sandburg, in Richard Ellmann & Robert O'Clair eds., 1973：20）

"You are wicked" 在中文作「你是邪惡的」，一九五八年瘂弦模擬桑德堡的〈芝加哥〉寫了一首同名詩〈芝加哥〉，詩裡「首度引用」作副題：「鐵肩的都市／他們告訴我你是淫邪的」（瘂弦，1981：121），「邪淫」顯然是一種過度譯法，況且「淫邪」並不足以成為都市的全部內容，在上引桑詩的同一節裡，桑氏以雷同句型抨擊都市的「狡詐」（They tell me you are crooked）與「殘暴」（they tell me you are brutal），更重要的是隨即桑氏提出了都市的迷人因素。很顯然的，羅門並沒有讀過原詩，便以訛傳訛的「間接引用」為：「鐵的都市，他們告訴我，你是淫邪的」（羅門，1995h：56），甚至想當然爾的「篡改／縮寫」成「都市！你是淫邪的！」（1995b：77）。「淫邪」這個詞很適宜用來書寫羅門心目中都市的本質，而且桑氏的擬人化策略非常適用於正面抨擊。雖然這是一個「誤譯／誤引」，但它對羅門都市觀的影響，卻是十分明顯而且深遠。

第五章 詩與時代的脈動

前 言

　　我們在第三章的緒論中已經證實，羅門筆下的都市文本所暗設的位址即是台北（除了三首「旅美詩抄」之外），羅門的心靈與思維一直纏繞在台北盆地（以及由此推展出來的都市）的眾生情態當中，揭示他們處身於方形空間裡的黏滯困境、抨擊他們在物慾及性慾方面的沉淪，甚至由此而延伸、擴大論述，沉重地解剖存在的虛無與悲劇。本體論部分確實可以超出台北盆地之外，但現象論則必須有所喻依；羅門也曾說過作家要跳離自己真實存在的處境來創作，就像站在太陽底下想跳離自己的影子一樣困難（1995b：40），所以他毫無選擇的必須書寫台北人／都市人的現身情態。不僅如此，他還明確表示過：「唯有主動將自己的生命推向整個人類已面臨的現代世界，透過真實存在的感受，他的詩才可能確實地進入這一代人真實生命活動的傾向之中，而創造出具有現代精神與現代感的作品來」（1995h：73），可見真實且深切地體驗現代都市生活，對寫都市詩的詩人而言更是一種必要。

　　可是我們在第三章第二節的論述中發現，羅門在文本中建設的是一座概念性的文本都市，只有在少數幾首詩裡可以讀到台北的地標建築，至於文化風情、族群的集體記憶等感性元素組構成的都市性格，皆少有觸及。這個視野的侷限，源自他對「現代」的界定與追求。在〈對「現代」兩字的判視〉一文中，羅門開宗明義地說：「『現代』雖是科學力量帶來極度的物質文明，使人類生存環境引起劇變，所形成的一種特殊時空觀念；但我對『現代』更深入的看法，是它的積極意義，並不只是使我們驚異地注視一架起重機奇蹟地將一幢摩天樓舉到半空裡去，而更重要的，是人類銳敏的心靈，對下一秒鐘予以焦灼的守望與期待」（1995h：71）。

　　換言之，羅門企圖站在時代的最前端的視點，觀測即將到來的事物；既存或過去的一切現實事物都是次要的，它們已經被劇變的時空淘汰到「現代」的背面。所以我們無法要求羅門去重現那些一步步走入歷史的台北市舊面貌，因爲歷史被不斷往前看的「現代感」所割捨。

　　可是我們卻可以檢視羅門自第一首都市詩〈城裡的人〉（1957）以降，四十年來，其「銳敏的心靈／視野」對台北都會脈動的掌握能力。因爲羅門認爲詩人「一己的精神與思想的表現，往往便也是他所處的年代的苦悶精神全部合力的表現」（1964：82-83），也就是說，都市詩人無法脫離他所處的現實時空，詩裡行間必然有許多社會現實的活動與精神紀錄。更何況作爲「創作的試金石」的現代感，必須經由「物質文明景觀

不斷（地）引發」（1995h：103），「沿著延平北路→西門町
→中山北路→仁愛路→忠孝東路的市街一路看過去，所觀到的
繁榮與美的景象，則越是往前的，便越是接近人類創造境域的
『前衛性』與『創新性』」（1995h：98）。「文明景觀」同時
包含了軟體與硬體兩個層面，它確實可以讓我們作為重要的論
據。

　　本章第一節將透過某些較具社會寫實意味的都市文本，與
台北歷史上的重大社會事件與變遷相對照，藉以檢視努力走在
時代前端的羅門，其「銳敏視野」是否扣得住時代的脈動。第
二節則焦聚在其「前衛語言」的表現，藉其本身語言和修辭技
巧的演進狀況，來辯證羅門創造力的躍進與衰退現象。

第一節　「銳敏視野」與社會的變動

　　如前文所述，羅門並不志在於建構一座文本中的台北市，
他筆下的文本都市鎖定的是台北的生活情態與社會現象，所有
真實的生命活動都成為他關注焦點，他焦灼地守望著都市文明
下一秒鐘的變動。因此，我們以羅門某些社會寫實性較高的都
市詩所處理的社會文化題材，與楊碧川著的《臺灣現代史年表
（一九四五年八月～一九九四年八月）》一書中所紀錄的當代
重大社會變遷作比對，驗證羅門對社會時局變化的掌握程度，

只有這樣才能準確地審視他的視野是否「銳敏」（此乃羅門的
措詞，即銳利且靈敏）。

　　羅門筆下五○年代的台北，是一座充滿刻板印象的「謀生
之城」。在〈城裡的人〉、〈三座城〉、〈夜城的喪曲〉、〈車
站、碼頭〉、〈低壓線〉、〈雪茄、捲煙〉、〈獵槍〉等等多
首短詩裡，羅門反覆質疑都市人的工作意義和意慾，他們已不
再像舊農業社會爲生存而耕作，他們「擠在一隻開往珍珠港去
的『唯利』號大船上」（1958：45）、「擠在黎明的車站，／………
／……等在黃昏的碼頭」（同上：59）；「坐辦公車去求生的
他們是車子的心臟，／他們焦思的心臟默坐在他們的肉身裡」
（同上：60），「辦公車——麵包車——水肥車／巧排成一極
簡單的生命方程式」（同上：46）。

　　在羅門眼中，五○年代的台北人的生命被工作模式化了，
在追求物質的意慾裡、在上下班的路途中不斷耗損，失去思考
與享受生命的時間和心神。這時候的羅門，尚未切入都市文明
的核心，他的視野是以舊農業社會的反都市心態爲據點，遠眺
台北城內的眾生情態。到了〈都市之死〉以後，他才開始深入
台北都會的各種生活層面。譬如在〈一九六○年的祭品〉當中，
我們可以清楚讀到「新北投」與「西門町」的情色文化內涵：

　　　新北投仍連繼舉行著肉的裸展
　　　看情形　沙特是有意東遊了
　　　西門町的街口亦這樣嚷著
　　　婦女們也忙著用口紅塗改文化

用束腰玩弄眼睛的滾球戲　（1963：24）

一個是完全赤裸的、被色情行業圍繞起來的溫泉之鄉，吸引著
外國的觀光客；一個是西方流行服飾衝擊下的文化異域，動盪
著國人純樸的心弦。這首詩雖然寫得生動，但它對新北投色情
行業的崛起背景及地理因素，完全沒有交代。我們認為此類具
有特殊時空意義的詩篇，必須考慮替未來的讀者，提供充份的
詮釋線索，可羅門的詩並未這樣做。另一首〈ＢＢ的彫像〉就
寫得較為深入：

　　　她常常背著害羞的東方

　　　在鏡中思慕大膽的夢露與蘇菲亞羅蘭

　　　而且用腰去搖響

　　　　　半打春天見不到陸地的水手們的口哨

　　　………………

　　　她是ＢＢ　　她的美是屬於軍曹的

　　　　　屬於在風浪中長滿胸毛的海員們

　　　　　　　　　　　　　　　　　　（1963：15）

從一九五一年到一九六五年，美國對台援助高達十五億美元，
這期間美國海軍偶爾以台灣為休假基地，所以間接的助長了本
地的色情行業。羅門在這首詩裡頭對ＢＢ與美軍之間的性交易，
以及她們的民族性心理，有相當含蓄但準確的著墨。但這只是
一九六三年的台灣，美軍尚未掀起台灣色情行業的高峰。

　　到了一九六五年美國介入越戰之後，台灣成為美軍的後勤

基地，以及休假中心。中山北路由於美軍顧問團、司令部、俱樂部的進駐，以美軍為主要顧客的西式酒吧不斷出現，這一帶遂既淪為色情行業的大本營，而色情亦同時蔓延到雙城街、民族路、林森北路、民權東路、農安街，這一帶遂被稱為「外事綠燈區」。一九六五及六六年，外事綠燈區共「接待」美軍二萬人，七〇年則高達二十萬，中山北路由一條神聖的御道異化為以女體吸收美元外匯的色情大道。

　　相較與羅門寫〈ＢＢ的彫像〉的時代（色情）條件，這時期台灣對美軍的「性質易」理應更受羅門的矚目，因為它對整個台灣政經及社會文化產生了空前的衝擊與影響，這些美軍不但促使都市中色情酒吧的蔓延、西化商店的大量湧現，更建立了台灣色情行業的艷名，大批的日本嫖客亦跟著來邪遊、獵艷（林以青撰、收入鄭明娳主編，1996：72-92）。這是羅門性慾母題中最應該處理的歷史因素，作為一項重大的社會現象，它更是不容忽略的都市詩素材，可當年羅門偏偏視而不見。

　　七〇年代末期以後到八〇年代中期的台北，其中一項被羅門忽視的重大社會變遷，就是東區的崛起。當台北市西區發展到盡頭，東區便悄悄崛起。其實早在一九六八年台北市改制直轄市之後，為了配合市政建設，於是興闢忠孝東路二、三、四段，貫穿中正、大安、信義、南港等四個行政區，帶動了東區的發展（張明雄、單兆榮、郭亭合著，1996：237）。隨著整個台北都會功能的擴大，許多民營的產業建設逐漸向東移，東區遂成為資本尋求積纍的新基地，房地產也被抄作成天價，東區

於是取代了西區成爲台北市的高消費商業區。

　　對這個物質文明的都市生活空間而言，東區的崛起意味著整個台北都會消費地圖的中心挪移，更加重了整個都市的物質誘惑力，以及生存的壓力系數；可是羅門並沒有洞悉到舊西區與新東區之間的地位消長，所以在他的都市詩裡讀不到這些變動。倒是小說家王大閎在其譯寫的小說《杜連魁》（1977）當中，憑著建築師對都市發展的敏銳知覺和前瞻的眼光，預言了新的都市中心的出現，構織一個以東區爲場景的新上流社會（林以青撰，收入鄭明娳主編，1996：105-106）。其實，這是強調心靈「銳敏」的羅門更應該寫的，可他卻忽略了。

　　一九八四年一月，麥當勞速食店在台北開幕；直到一九八五年八月三日，羅門才在《中國時報・人間副刊》發表〈「麥當勞」午餐時間〉。李瑞騰先生在《七十四年詩選》（1986）中針對此詩所寫的按語提供了一項重要訊息：「『麥當勞』對於臺灣飲食文化所造成的衝激與震撼過去之後，似乎已經廣被我們的都市子民所接受了，而成爲我們生活的一部分。對於多少年來一直在都市範疇取材，反映、批判都市文明，而企圖把文明層次提昇到文化層次思考的詩人羅門，『勞當勞』現象被他所注意，應是理所當然的了」（李瑞騰編，1986：172）。

　　很顯然，在羅門寫「麥當勞」的時候，它所代表的美式速食文化對本土飲食文化所造成的衝激與震撼已成「過去」，更廣被台北市民所接受（羅門筆下的麥當勞店裡就有三個不同年齡層的顧客），所以李瑞騰先生認爲它受到羅門的注意也不是

件令人意外的事（因爲已經歷時一年半）。羅門非但沒有在麥當勞對本土飲食文化產生最大衝擊的時候，站在時代變遷的最前端，透過「銳敏視野」紀錄它或者抨擊它；而竟然在廣被接受了一年半之後，在描述過程當中犯下「用刀叉」進餐的嚴重錯誤（詩裡先後出現兩次「手裡的刀叉」（同上：168，169），詳見第四章第二節）。

我們不禁要懷疑，在這一年半的時間裡，羅門究竟有沒有在麥當勞裡親手端起、親口吃過漢堡？他對這件飲食文化的重大事件之反應，遠遠談不上「銳敏」，但是更「不銳敏」的是他對「卡拉OK」的掌握。

如第四章第二節中所述，「卡拉OK」是羅門都市詩物慾母題中的一個重要意象，羅門首次提到這種風靡都市人的消費活動，是在一九八七年的〈卡拉OK〉。「卡拉OK」是一種由日本發展出來的新型電子伴唱機，一九八一年開始引進台灣，遂取代了日據時代遺留下來的「那卡西」（Nakasi，即「一個人的樂隊」）。所謂「卡拉」即爲「無人」的意思，而「OK」則是 orchestra 的簡稱，「卡拉OK」就是「無人樂團」（張淑玫，1993：15）。羅門遲至卡拉OK「登台」後的第六年才首次寫到它，而且他對卡拉OK社會功能的陳述，完全偏向負面意義的肢體活動；不是「在腳下猛跳」（1995b：93），就是「叫破喉嚨」（同上：122），徹底抹殺了卡拉OK的正面功能（詳見第四章第三節）。

至於在八〇年代末期崛起的、漸逐取代卡拉OK的「KT

Ｖ」，在羅門都市詩裡竟然沒有絲毫的著墨！ＫＴＶ所蘊含的社會意義與功能，以及所引發的社會問題，都成了媒體之老生常談，更在一九九三年被台大城鄉所的張淑玫寫成碩士論文（《休閒、快感與權力──台灣ＫＴＶ之社會分析》）。九〇年代的羅門還停留在八〇年代卡拉ＯＫ的生活步調當中，就都市消費性問題的視野而言，羅門無疑是落伍的。

進入九〇年代，我們再也讀不到具體的社會面貌，羅門為了應付後現代狀況，寫了〈長在「後現代」背後的一顆黑痣〉（1990）、〈後現代Ａ管道〉（1990）、〈後現代Ｏ管道〉（1990）、〈古典的悲情故事〉（1992）、〈據說後現代是一隻狐狸〉（1993）等多首題材一致、批判意味濃厚的詩篇；然而在他企圖呈現他所謂的後現代狀況的時候，「台北」已經從那些拼貼得不理想的詩句與畫面裡碎裂、消失。

我們同時也讀不到新新人類價值觀的遽變、環保意識的抬頭、風起雲湧的女性主義、同性戀問題、親子關係、有線電視、資訊網路、ＫＴＶ和 Pub 等新興消費形態。

我們該如何評價羅門對時代脈動的了解與掌握？或許他對急速變化中的都市所表現出來的洞悉力，還談不上「銳敏」或者「敏銳」，但他對時代事物的變遷抱持著真誠的關切，所以對都市人的生存困境等形上思考的課題，能有較深入的議論和描述。畢竟，視野／心靈的「銳敏」，是一項很高難度的自我要求，即使羅門也不能真正做到。

第二節　「前衛語言」的躍進與停滯

　　「前衛」是一個相對於保守和落後而存在的名謂，就作家的視野而言，它更是見人所未見、言人所不敢言者，永遠扣住劇烈變化的時代面貌與精神，誠如羅門所言：「『前衛性』，正是使詩人在創作中機敏地站在靠近『未來』的最前端，去確實地預感新的一切之『來向』，而成為所謂的『先知者』，去迎接與創造一切進入新境與其活動的新的美感形態與秩序」（1995b：21）。但就語言的前衛性來說，它必須是超越同時代的其他文本之上，不斷突破與創新，開拓出前所未見的嶄新風貌。從這個角度來看，「前衛」就包含了語言和技巧方面的「創新」：「如果詩人在『心象』以及『語言』與『技巧』的活動，缺乏『創新性』，便勢必於不知不覺中陷入殘舊與僵化的創作狀態，而失去創作者在創作上的實質身份」（1995b：21）。

　　那我們該如何檢定羅門都市詩的前衛性？不管我們如何謹慎地引用其他同時代作家的文本，來比對羅門都市詩的前衛性，這個尺度本身已經具有相當的主觀成分，何況它們的前衛性又何曾被鑒定過？為了突破這個困境，我們不妨將「前衛」視為羅門對自己的語言「要求」——求變、求新，其負面就是語法的「模式化」，停滯在某個瓶頸。所以我們透過舊作來突顯新作中的語言變化與技巧革新，然後再由後續詩篇來說明它的躍

進或僵化。

我們且將〈都市之死〉以前的都市詩視爲草創期的少作，它們的行數都在十行以內，格局不大，而更重要的是羅門習慣在這些詩的最後一行「總結」或「道破」前文所述的宗旨。譬如〈城裡的人〉結尾處的「慾望是未納稅的私貨，良心是嚴正的關員」（1958：45）；又如〈三座城〉的第一節出現了「辦公車──麵包車──水肥車」，最後一行則點破它們是「駛往『工作』『食糧』與『虛無』等三座大城」（同上：46）；再如〈雪茄、捲煙〉中的結尾：「他的心房正順著醒來的理性盤算與決定利益的方向」（同上：62）。這種直接暴露題旨的「總結」，嚴重傷害了前面辛苦經營的意象。唯一能讓讀者餘韻未了的是〈獵槍〉，都市人的身軀被喻爲獵槍，當無聊如彈丸在酒吧、咖啡館掃射完畢，「思想的獵袋裡睡著一隻死了的歡笑」（同上：61），這種歡笑很空洞，實質上它就是思想與時間的屍體。

第二項缺失是有些詩句流於吶喊，如：「是因八年見不到故鄉的藍天而心碎呵！」（同上：32）、「可是啊！」和「而中年人啊！」（同上：40），以及「好寂寞啊！」（同上：49）。畢竟是少作，這時期的語言談不上前衛，更不夠精簡，其中一個可能的因素是，詩人感性的情懷牽引著語言的「發聲」，在激動處忍不住呼喚，不時低迴感嘆；不過它們大致上還是準確地表達了題旨。上述的結尾陋習在六一年的〈都市之死〉裡總算消聲匿跡，感嘆的發聲形式轉換成另一種雄渾厚重的語言風

貌（如第三章第一節所述者）。

　　〈都市之死〉無論在視野的格局、思考的深度、語言句法
的變化等方面，都是一次大躍進，可視爲羅門創作生涯的第一
個高峰。在此詩第二節的結尾處，我們讀到與五○年代少作迥
然不同的筆法：

　　　沒有事物不回到風裡去
　　　　　如酒宴亡命於一條抹布　　如假期死在靜止的輪下

　　　　　　　　　　　　　　　　　　　（1963：82）

羅門試圖用具象的敘述來捕捉抽象的念頭：熱鬧喧嘩的酒宴終
究在侍者的抹布下曲終人散，讓心靈憩息的假日則盡耗在擁塞
的車陣之中，都市人奔波於不同意義與目的的事物之間，但這
些事物倒頭來還是煙消雲散，生命即如此浪擲在虛空裡。詩的
語言凝煉而寓意深刻，先是寓理於情的一句「沒有事物不回到
風裡去」，淡淡的哲思拓寬了讀者的想像空間，緊接著氣勢一
轉，意象剛陽且音節鏗鏘有力，一「亡」一「死」，直逼讀者
的思維核心，不得不正視隱藏其中的訊息。這種靈活的對仗法，
在羅門以及當代的其他詩人筆下都十分常見（恕不贅舉），算
不算絕對前衛本來就很難說。

　　在羅門創作生涯中逐漸演變成一種慣例的是「類疊」句型，
最成功的佳例莫過於〈都市之死〉第三節的結尾：

　　　瑪麗半露的胸脯　　裸如月光散步的方場
　　　　　聳立著埃爾佛的鐵塔

> 守著巴黎的夜色　守著霧　守著用腰祈禱的天國
>
> （同上：83）

鐵塔象徵了頹廢敗德的都市文明，它守著生命沉淪的三個層次：
充滿情色誘惑力的「巴黎的夜色」、像「霧」般模糊掉生活意
志的物質迷宮、「腰」部以下的肉體狂歡地帶。乍讀之下我們
只感覺到末句有一股朦朧的美感，忽長忽短的句子由三個「守
著」，環扣成一體，音節頓挫變化很大，產生連綿的誦讀效果。
這時期羅門對語言節奏的掌握已躍昇到一個令人激賞的高度，
遠非其少作所能望背。這種「類疊」法亦出現在本詩第二節：

> 在來不及看的變動裡看
>
> 在來不及想的迴旋裡想
>
> 在來不及死的時刻裡死　（同上：81）

這是一次較爲工整的運用，先天上就存在著容易僵化的危機，
不過在這裡卻達到正面的閱讀效果，讓讀者在快節奏的訊息傳
輸下，強烈地感受到劇烈且無從招架的變化。除了運用得相當
出色的類疊法，羅門在這首組詩的最後三行展現了十分靈活有
變化的「排比」修辭技巧：

> 一隻裸獸　在最空無的原始
>
> 一扇屏風　遮住墳的陰影
>
> 一具彫花的棺　裝滿了走動的死亡　（同上：87）

羅門分別從三個角度來概括都市的角色內涵：（一）都市即是

此在本身，他們的情慾赤裸裸地展示在形下的靈空世界（空無的原始）；（二）都市是由無數水晶大廈建構起來的物質屏風，絢麗的假面遮蔽著性靈死亡的陰影；（三）進一步強化都市的迷人物質環境對此在的奴役與摧殘，在這個生存空間裡的此在都淪爲失去自我、沉淪於慾海的行屍走肉。沉重且雄渾的意象層疊而至，詩質濃厚而哲思飽滿的結尾，確能盪氣迴腸，令人難忘。

這時期的語言僅僅出現輕微的「口語化」趨勢，一方面是基於意象的密度很大，譬如：「指針是仁慈且敏捷的絞架／刑期看起來比打鼾在墊被上的睡眠還溫和」（同上：85），羅門在兩個詩句當中壓縮了許多彼此衝突的字眼和意象，醞釀著緊張的氛圍，它不適於口語的運用；同時也是因爲主題宏大且沉重，遣詞用字都偏向冷硬、陽剛的辭彙，羅門企圖操作一種具有重金屬節奏的語言，擲地有聲地道出凌屬的判詞。幾乎每一行都殺氣騰騰、都沉醉於高密度的意象經營，這個低氣壓的陳述環境，不利於口語的生存。

至於「類疊」和「排比」這兩種修辭技巧，在〈第九日的底流〉（1960）和〈麥堅利堡〉（1961）中也不多見，可在〈都市之死〉中卻一共出現四次，如果進一步觀察後續詩篇，我們將有更大的理由將〈都市之死〉視爲此二種技巧的「啓用時期」。其後，在〈紐約〉（1967）一詩，也有精彩的表現：

　　要想把海樹起來看

　　　請去看帝國大廈

要想把海旋起來看

　請用眼睛旋轉帝國大廈的看台

要想把腳步築在最軟的雲上

　請將眼睛從帝國大廈的看台上

投下來　（1969：64-65）

在這裡羅門仍然很有節制地運用類疊法，也慎重地經營細部的變化；此外，從上述引文我們可以發現一個轉變：「口語化」。單一詩句的意象密度已不及〈都市之死〉，羅門藉助獨特的動詞技巧，讓口語當中產生「反口語」的、充滿陌異感的詞彙，「樹」便是一個成功的意象驚爆點（有關此詩之詮釋，詳見第三章第一節）。口語化的優點是可以驅動整首詩，讓它充滿「動感」和「臨場感／現場感」。

可是類疊法到了《曠野》（1980）一書就泛濫成災，詩句口語化的程度似乎稍嫌太過。我們且例舉其中兩首，先看〈目．窗．天空的演出〉（1974）中的超大規模類疊手法：

無論以那一種鳥去飛的天空

　　　也高不過它

無論以那一種風去追的天空

　　　也遠不過它

無論以那一種天地線去圍繞的天空

　　　　也闊不過它

無論以那一種山水去美的天空

　　　　　也美不過它

　　無論以那一種聽與看的天空

　　　　也聽不過看不過它　　（1980：5-6）

這是一種近乎說明文性質的文字，以機械化的口吻「陳例」出
天空的內容，沒有絲毫美感可言，更不具任何創作的難度；尤
其字數越長的口語化敘述，越能淡化詩質，同時突顯了意象經
營的貧血，它反而變成敗筆的肇因。更嚴重的是〈都市的旋律〉
（1976），在此詩的附註裡，羅門表明此詩之創作意圖「著重
於都市生活的節奏與律動感；從都市的動面與現象，直接捕捉
都市的實體」（1980：76）。可見此詩志在捕捉瞬間流逝的現
象，以及現象背後的本質。豈料羅門竟然完全缺乏技巧窠臼化
的自覺意識，太過輕率地運用這種熟練且陳舊的修辭技巧，將
都市的速度感表現得極度僵化：

　　快快快

　　快入快車道

　　慢慢慢

　　慢入斑馬線

　　鑽鑽鑽

　　鑽入地下道

　　爬爬爬

　　爬上行人橋

　　………………

> 腰不扭動　河會死
>
> 胸不挺高　山會崩
>
> 眉不畫濃　月會暗
>
> 唇不塗紅　花會謝　（1980：73-74）

引文的前半部實在太兒戲，後半部則失之粗俗。這份兒戲與粗俗並沒有產生任何衝擊感或省思，口語的運用非但未能扣緊時代的驟變感，反而讓羅門企圖賦予的題旨，流失在太過「順口」的口語所造成的「瀏覽」過程當中。這不是任何一位經驗豐富的詩人該犯的錯誤，尤其羅門自己一再強調「前衛」與「創新」的重要性。更令人難過的是，十年後我們竟然在〈都市　你要到那裡去〉一詩中，找到某些不應該再出現的「遺跡」：

> 腰把河　扭回去
>
> 胸把山　頂回去
>
> 唇把世界貼回去 （1995b：73）

羅門再次使用了「腰－河」、「胸－山」的辭彙組合，僥倖的是它們隱沒在此詩的冗長篇幅裡，沒有造成顯著的負面影響。但它卻透露了羅門在創作與創意方面的危機。這種不自覺的僵化繼續蔓延到九〇年代，限於篇幅與論述價值之匱乏，我們且例舉〈主！阿門　平安夜〉（1991）和〈後現代A管道〉（1990）二詩來結束這項論證。我們先看〈主！阿門　平安夜〉：

> 最OK的　還是卡拉OK
>
> 最V的　　還是MTV

最溫暖的　　還是三溫暖

最水性的　　還是舞池

最繽紛的　　還是香檳

最體貼的　　還是身體

最高峰的　　還是乳峰

　　　　　　不是聖母峰　　（1995b：112）

這是兩組早已失去新鮮感的「都市詩專用辭彙」，羅門想利用二者之間某些字或字母的表面關係，組合出一些足以表現都市生活本質的消費心理，結果只流於文字遊戲，無法深入其中。但這卻是他慣用的技巧之一，譬如在〈中秋節的異象〉（1991）一詩，便有更典型的演出：「圓給團圓看／圓給破鏡重圓看／圓給無缺的圓滿看／圓給圓看」（1995f：96）；這種手法的獨創性，早被羅門自己不斷的複製所磨滅。

　　羅門遲至一九九○年才正面處理後現代狀況，但基於他對後現代主義的理論與資訊掌握不足，致使他批判後現代的基礎受到質疑（林燿德撰，周偉民、唐玲玲主編，1994：159）。正如他在〈據說後現代是一隻狐狸〉（1993）一詩中洩露的無力感：「它走過的／明明是翠綠的草地／你跟著走／腳下竟是滿地的青苔／一路跌跤／…………／據說後現代就是一隻狐狸／同新人類正在玩／新的捉迷藏遊戲」（1995b：158-159）。所以他在語言和技巧方面的表現，仍舊是固有的那一套，完全沒有後現代詩的氣息，〈後現代A管道〉就是一個範例：

> 有人走進新東陽老大昌
>
> 有人衝入麥當勞肯德基
>
> 有人將咖啡倒進龍井
>
> 有人將檸檬擠進牛奶
>
> 有人舉左手舉右手
>
> 有人左右手一起舉　　（1995b：151-152）

在《羅門創作大系・（卷二）都市詩》的三十九首詩當中，就有二十二首使用「排比」或「類疊」這兩種修辭技巧，儼然成為羅門都市詩的首要修辭手法；例如〈都市　此刻坐在教堂作禮拜〉一詩，三十二行當中就被兩組類疊句佔去二十一行，其重要性可見一般。雖然這些詩篇當中，不乏將此技巧運用得十分精彩，足以深化、延伸題旨的佳作（諸如〈都市之死〉、〈咖啡廳〉、〈生存！這兩個字〉、〈車禍〉等便是），但大體而言都不甚理想。

　　本來用口語化的詩歌語言，來捕捉和呈現都市急速變遷、令人目不暇給的現象，就得配合突出且富於時代感的意象，以及靈活多變的技巧；可是羅門卻毫無節制地運用大篇幅的類疊和排比，他似乎沒有察覺到過多的類疊或排比，會形成視覺上的陳列感和僵硬感，很容易導致負面的閱讀效果。一旦詞彙的拼貼不當，過度口語化的敘述又稀化了意象密度，則會傷害整體的詩質。況且羅門一用三十年，怎能不面臨僵化的危機？

　　毫無疑問的，〈都市之死〉相對於羅門五〇年代的少作而言，是一次大躍進。接下來，我們抽樣檢視一九六一年的〈都

市之死〉、一九七六年的〈都市的旋律〉、一九九一年的〈主！阿門　平安夜〉這三首分別間隔十五年的詩篇，就可以明顯察覺到〈都市之死〉與〈都市的旋律〉的語言風格有極大的差異性，彼此服膺的美學理念不一樣，最簡單的說法就是意象經營和口語化的程度有輕重之別，也許就羅門本身的角度而言，這可視爲一種成長與進步。可是〈都市的旋律〉和〈主！阿門　平安夜〉之間，卻透露了另一種訊息：雙方同樣的運用大篇幅的排比手法，語言的風貌、對現象的切入角度並沒有因時間的變遷而改變。假設〈都市的旋律〉處於「相對前衛」的位置，那〈主！阿門　平安夜〉則「明顯過時」。

　　其實這不僅僅是個偶然的抽樣結果，它同時也是一個全面研讀之後的結論；只不過我們將之依附在修辭技巧的論述架構中，以最精簡的篇幅說明這個語言成長／負成長的現象。

　　在上述論證過程中，我們發現羅門經過六〇年代的語言及技巧的大躍進之後，並沒有堅持「前衛語言」的求變與求新，所以逐漸出現修辭技巧的僵化現象，加上失去節制的口語化策略和追求速度感，不但稀薄了詩的質感，也侷限了羅門對事物本質的探索，流於現象素描。可是我們亦不得不承認這期間，羅門仍然有若干的佳構，但它們在數量上不足以扭轉整體的觀察與評價。不管羅門的語言是否稱得上「前衛」，在他的創作意圖裡，「前衛」確實是最重要的一項自我要求；從其詩歌語言及技巧的內部興衰實況來檢視其「前衛語言」，我們所得到的結果應該是最公允的。

小　結

　　藉助各時代的社會事件來對照羅門的都市詩創作視野，我們發現到他的缺失：有些是對事件的忽視，如越戰美軍對台灣色情行業的助長，以及台北消費地圖上東西區的明顯消長；有的則是對事物的掌握太過遲緩、不夠深入，如麥當勞對飲食文化的衝擊、卡拉ＯＫ的社會意義與影響、後現代狀況的抨擊等等。羅門在理論上的言論，偶有未能契合其創作實況者，他一方面要求作家要關切、書寫他們的存在場域，可是他自己卻沒有遵守這項建議，於是我們只能讀到零星的台北片段；至於政治、經濟和社會方面的建設，更是不見蹤影。

　　如果我們結合第三章的論述，便可以印證出羅門對現代都市中的存在問題，較有突出表現的是哲學性的形上思考，以及此在的生存情態；至於社會現象的描述，他往往捕捉／呈現的是一種「共象」：或是性慾之沉溺、或是物慾之追求、或是交通之亂象、或是空間的壓迫感。

　　透過「排比」與「類疊」技巧在羅門創作生涯中的興衰發展，我們可以清楚地看到他創造力的成長與衰退：五〇年代是羅門詩藝的萌芽期，稍嫌青澀的語言表現，讓讀者感受到他的感性情懷。六〇年代屬於大躍進、大轉變的高峰期，〈都市之

死〉、〈流浪人〉、〈紐約〉等多首都市詩分別展現了雄渾的語言風格、精準有力的意象模塑、存在思想的深度、物質文明的多層次解剖以及尖銳凌厲的批判意識，如果我們將非都市詩的名詩〈第九日的底流〉、〈麥堅利堡〉、〈死亡之塔〉一併納入參考範圍之內，更能準確說明六〇年代在羅門詩生涯中的關鍵性，以及創造力的爆發性。進入七〇年代，羅門過度口語化的語言策略，以及在修辭技巧日漸僵化的操作，確實傷害了許多詩篇，但仍有不少諸如〈窗〉、〈咖啡廳〉、〈咖啡情〉等深具閱讀與論述價值的佳構。八〇年代以後，羅門的語言風貌和修辭技巧已經定型，雖然偶有像〈傘〉、〈「麥當勞」午餐時間〉、〈生存！這兩個字〉、〈都市・方形的存在〉等佳作，但大體而言已暴露了創作力的衰退現象。到了九〇年代，極大部分的詩篇都失去原創性與深度，僅在現象與文字的表面遊走。

第六章　結　論

　　存在主義哲學家海德格對藝術和存在的本體論和生存論思考、沙特的「虛無觀」、尼采的「悲劇精神」，深遠地影響了羅門以「悲劇性的虛無的存在」為軸心的存在思考，以及美學理念的建立。儘管後者在理論上的縝密度遠不及諸位存在主義大師，但他們的理論思維卻大幅深化了羅門都市詩的思想內涵。加上羅門龐沛的道德批判力量、宏大的氣魄，以及對都市人乃至全人類生存情態的關懷，二者結合成一種雄渾的泱泱氣度，這是羅門都市詩的最大特色，〈都市之死〉便是其代表作。

　　然而羅門對都市詩的理論建構與創作實踐卻出現某一程度的矛盾，他一方面強調詩人與現實社會的不可分割性，以及詩人必須站在時代的最前端去守望下一秒變化的來臨；可他筆下的都市文本卻傾向於普遍性／概念化都市的經營，他花了更多的心力去營構一個可以貫徹其存在思想的生存空間。簡而言之，他的都市文本暗設的位址是台北，然後把它加以擴展，這就造成他大部分的詩篇裡呈現的是一個放諸四海皆準的都市共象，只有在若干較具社會寫實意義的詩作裡，我們才能讀到當時的台北人事與風貌。

　　我們在第三章全力建構羅門文本都市的空間，從整體性的

都市硬體形象——「黏滯方形」，到展示物質文明的「櫥窗」
和心靈逃逸的「窗」，組構出一系列「方形」的空間概念，它
不但成功的實踐了羅門的存在思想，且作為羅門對此在的現身
情態所做的，一種具象而且嚴謹的思考向度與觀察結果。尤其
「窗」所蘊含的豐富象徵意義，經得起多層次詮釋與分析，包
含了宿命與悲劇、壓力與逃逸、從形下的遙望管道到形上的靈
魂之窗的多角色轉換。整個都市文本所展露的雄渾感與深度，
無疑是羅門都市詩的最精彩、最高的表現。

　　在第四章，我們以主題學方法來分析了羅門長期經營的「性
慾」和「物慾」兩大母題，從原型的形成到後續發展，以及多
組意象叢的開發工作，相信任何讀者都必然感受到，羅門似乎
把「性慾」和「物慾」視為都市之毒瘤，十分凌厲地抨擊。我
們同時觀察到羅門採用的兩種書寫策略——「速讀」與「縮寫」，
對此二母題所構成的負面影響。最後，我們主動納入羅門排除
在都市詩範圍之外的重要族群：普遍的都市女性，以及維護都
市軟／硬體操作的服務業者和藍領勞工，以彌補羅門過於偏重
聲色現象，而導致的疏忽。如此一來，其都市文本的生態圈才
較完整。

　　到了第五章，我們用羅門本身立下的美學標準「銳敏」與
「前衛」，來檢視都市文本在面對各種時代現象及社會文化的
變遷時，是否能扣緊其脈動？以及詩歌語言和修辭技巧所呈現
的躍進或停滯狀況。結果我們發現羅門對社會變遷的前瞻性不
足，洞悉力也差強人意，遠不及他對都市人生存意義及困境的

思考。而前期的語言確實有較龐沛創造力和開拓性，可中期以後其一味口語化的語言已停滯發展，這亦稀薄了詩的整體質感。尤其那些失去節制的類疊和排比技巧，在在僵化了羅門的詩生命。這一章的論述結果，揭示了羅門詩歌創作的幾項重大缺失，以及創造力走下坡的殘酷事實。

任何一位詩人都有創造力的高峰期和衰退期，羅門當然也不例外。羅門四十年來的創作表現，毫無異議的具備了「一代大家」的份量。但我們必須指出，五○年代是羅門的習作期，六○年代屬於大躍進的巔峰期，這時候的羅門寫下許許多多氣勢雄渾的大作，如〈第九日的底流〉、〈死亡之塔〉、〈麥堅利堡〉，以及本論文引述多次的〈都市之死〉，加上〈流浪人〉、〈紐約〉等極優異的短詩，羅門確實堪稱六○年代台灣詩壇的重鎮。七○年代的羅門仍處高峰，比較耀眼的反而是短詩，如著名的〈窗〉、〈咖啡廳〉、〈咖啡情〉、〈車禍〉等等。這些詩都進一步鞏固他在台灣新詩發展史上的地位。八○年代的羅門開始走下坡，語言技巧方面的表現已都大不如前，不過仍有少數佳作，格局宏大、氣勢磅礡的〈時空奏鳴曲〉便是八○年代台灣詩壇的一個長篇佳構（可惜它不算是都市詩）。至於跨入九○年代以後的羅門，迄今尚未交出令人矚目的詩篇，極大部分作品都無法令人滿意。畢竟，創造力再龐沛的大詩人，也會有衰竭之時，這是正常的。

無論如何，羅門對都市詩這種獨特詩類的拓荒工作，確實立下不可磨滅的開疆闢土之功，他站在前驅者／拓荒者的位置

上，做了許多艱苦但又必須的嘗試；儘管未能盡善盡美，但他所纍積的創作成果、所開拓的視野，足以讓後來者有所憑藉，在這個供參考的前例／指標上更進一步。這就是羅門都市詩對未來都市詩創作的最大貢獻。

參引書／篇目

【中文參引書目】

工藤綏夫著，李永熾譯．1994．《尼采的思想》（再）．台北：水牛

文崇一．1989．《台灣的工業化與社會變遷》．台北：東大

王志弘編譯．1995．《空間與社會理論譯文選》．台北：自印。

王彤編．1995．《羅門詩鑑賞》．香港：中華文化

王岳川．1993．《後現代主義文化研究》．台北：淑馨

王建元．1992．《現象詮釋學與中西雄渾觀》．台北：東大

毛崇傑．1988．《存在主義美學與現代派藝術》．北京：社會科學文獻

尹雪曼編．1975．《中華民國文藝史》．台北：正中

古遠清．1994．《台灣當代文學理論批評史》．武漢：武漢

古繼堂．1989．《台灣新詩發展史》．台北：文史哲

古繼堂．1993．《台灣新文學理論批評史》．沈陽：春風文藝

史壯柏格著，蔡伸章譯．1993．《近代西方思想史》．台北：桂冠

尼采著，劉崎譯．1993．《悲劇的誕生》（再）．台北：志文

尼采著，劉崎譯．1994．《反基督（上帝之死）》（再）．台北：志文

尼采著，楚圖南等譯，梁結編．1996．《尼采文集》．北京：改革

卡繆著，莫渝譯．1994．《異鄉人》（再）．台北：志文

卡繆著，張漢良譯．1994．《薛西弗斯的神話》（再）．台北：志文

朱徽．1994．《羅門一百首賞析》．台北：文史哲

朱光潛．1993．《悲劇心理學》（再版）．台北：駱駝

朱光潛．1994．《文藝心理學》（四版）．台北：臺灣開明

李天命．1993．《存在主義概論》（六刷）．台北：臺灣學生

李志清．1996．《鳥國狂》．台北：創興

李瑞騰編．1986．《七十四年詩選》．台北：爾雅

沙特著，陳宣良等譯．1990．《存在與虛無》．台北：桂冠

沙特著．劉大悲譯．1991．《沙特文學論》（再）．台北：志文

林燿德．1991．《羅門論》．台北：師大書苑

何欣．1996．《現代歐美文學概論》．台北：書林

周偉民、唐玲玲合著．1991．《日月的雙軌——羅門、蓉子創作世
　　界評介》．台北：文史哲

周偉民、唐玲玲主編．1994．《羅門、蓉子文學世界學術研討會》．
　　台北：文史哲

孟樊主編．1993．《當代台灣文學評論大系．（卷4）新詩批評卷》．
　　台北：正中

哈羅德．布魯姆著，徐文博譯．1990．《影響的焦慮》．台北：久
　　大文化

洪子誠、劉登翰合著．1993．《中國當代新詩史》．北京：人民文學

施友忠．1976．《二度和諧及其他》．台北：聯經

高宣揚．1993．《存在主義》．台北：遠流

耿占春．1994．《隱喻》．北京：東方

夏鑄九、王志弘編譯．1994．《空間的文化形式與社會理論讀本》．台北：
　　明文

海德格著，王慶節、陳嘉映合譯．1993．《存在與時間》．台北：桂冠

海德格著，孫周興譯．1993．《走向語言之途》．台北：時報文化

海德格著，孫周興譯．1996．《林中路》．台北：時報文化

馬新國主編．1994．《西方文論史》．北京：高等教育

章英華．1996．《台灣都市的內部結構》．台北：巨流

陳坤宏．1990．《台北市消費空間結構之形成及其意義》．台北：
　　　台大土木工程所博論

陳坤宏．1996．《消費文化理論》．台北：揚智

陳師鵬翔．1976．《文學創作與神思》．台北：國家

陳師鵬翔主編．1983．《主題學研究論文集》．台北：東大

陳嘉映．1995．《海德格爾哲學概論》．北京：三聯

陳鼓應編．1995．《存在主義》（增訂二版二刷）．台北：臺灣商務

張錯、陳師鵬翔合編．1982．《文學史學哲學》．台北：時報文化

張明雄、單兆榮、郭亭著．1996．《躍昇的城市——台北》．台北：
　　　前衛

張淑玫．1993．《休閒、快感與權力——台灣ＫＴＶ之社會分析》．
　　　台北：台大建築與城鄉所碩論

張漢良、鄭明娳、蔡源煌、林燿德等著．1991．《門羅天下》．台
　　　北：文史哲

張寶琴、邵玉銘、亞弦主編．1995．《四十年來中國文學》．台北：
　　　聯經

張肇祺．1997．《從詩想走過來》．台北：文史哲

葉至誠．1997．《蛻變的社會——社會變遷的理論與實況》．台北：
　　　洪葉

葉秀山．1994．《思．史．詩——現象學和存在哲學研究》．北京：
　　　人民

楊碧川．1996．《臺灣現代史年表（1945 年 8 月~1994 年 9 月）》．
　　台北：一橋

瘂弦．1981．《亞弦詩集》．台北：洪範

詹宏志．1996．《城市人——城市空間的感覺、符號和解釋》．台北：
　　麥田

鄧宗德．1991．《八〇年代台北市支配性都市地景形成之研究》．
　　台北：台大建築與城鄉所碩論

滕守堯著．1996．《海德格》．台北：生智

鄭明娳主編．1995．《當代台灣都市文學論》．台北：時報文化

劉昌元．1991．《盧卡奇及其文哲思想》．台北：聯經

劉登翰、莊明萱、黃重添、林承璜主編．1991．《台灣文學史》．
　　福州：海峽文藝

劉維公．1991．《消費文化與象徵鬥爭》．台北：台大社會所碩論

蔡勇美、郭文雄主編．1986．《都市社會發展之研究》．台北：巨流

蔡源煌等著．1995．《羅門論》．北京：中國社會科學

盧卡奇著，呂正惠譯．1988．《現實主義論》．台北：雅典

謝冕等著．1997．《從詩中走過來：論羅門蓉子》．台北：文史哲

顏忠賢．1996．《影像地誌學——邁向電影空間理論的建構》．台
　　北：萬象

羅志野．1991．《西洋文學批評史》．廣西：廣西師大

羅門．1958．《曙光》．台北：藍星詩社

－－．1963．《第九日的底流》．台北：藍星詩社

－－．1964．《現代人的悲劇精神與現代詩人》．台北：藍星詩社

－－．1969a．《死亡之塔》．台北：藍星詩社

－－．1969b．《心靈訪問記》．台北：純文學

一一 . 1974 . 《長期受著審判的人》. 台北：環宇

一一 . 1975 . 《羅門自選集》. 台北：黎明

一一 . 1981 . 《曠野》. 台北：時報

一一 . 1982 . 《時空的回聲》. 台北：德華

一一 . 1984 . 《羅門詩選》. 台北：洪範

一一 . 1988 . 《整個世界停止呼吸在起跑線上》. 台北：光復

一一 . 1989 . 《詩眼看世界》. 台北：師大書苑

一一 . 1990 . 《有一條永遠的路》. 台北：尚書

一一 . 1993a . 《羅門詩選》. 北京：友誼

一一 . 1993b . 《誰能買下這條天地線》. 台北：文史哲

一一 . 1993c . 《羅門散文精選》. 台北：文史哲

一一 . 1995a . 《羅門創作大系 . （卷一）戰爭詩》. 台北：文史哲

一一 . 1995b . 《羅門創作大系 . （卷二）都市詩》. 台北：文史哲

一一 . 1995c . 《羅門創作大系 . （卷三）自然詩》. 台北：文史哲

一一 . 1995d . 《羅門創作大系 . （卷四）自我 . 時空 . 死亡詩》.
台北：文史哲

一一 . 1995e . 《羅門創作大系 . （卷五）素描與抒情詩》. 台北：
文史哲

一一 . 1995f . 《羅門創作大系 . （卷六）題外詩》. 台北：文史哲

一一 . 1995g . 《羅門創作大系 . （卷七）〈麥堅利堡〉特輯》. 台
北：文史哲

一一 . 1995h . 《羅門創作大系 . （卷八）羅門論文集》. 台北：文
史哲

一一 . 1995i . 《羅門創作大系 . （卷九）論視覺藝術》. 台北：文
史哲

－－．1995j．《羅門創作大系．（卷十）燈屋．生活影像》．台北：
　　　文史哲

－－．1995k．《羅門短詩選》．北京：中國社會科學

－－．1995l．《羅門長詩選》．北京：中國社會科學

－－．1995m．《羅門論文集》．北京：中國社會科學

羅門、蓉子合著．1992．《太陽與月亮》．廣州：花城

龔鵬程編．1995．《台灣的社會與文學》．台北：東大

【中文參引篇目】

王一桃．1994/01/16．〈透過都市文明來追蹤人的生命——略評台
　　　灣詩人羅門的詩〉《大公報》。

王一桃．1993/07/21．〈羅門的「城市詩」〉《新晚報》。

王潤華．1995/05/14．〈都市詩學——從羅門到林燿德〉，台北：
　　　羅門作品研討會。

伍至學．1994/04．〈尼采論形上學的心理學〉《哲學雜誌》第十期：
　　　118-129。

辛鬱．1976/12/06．〈羅門的〈窗〉〉《青年戰士報》。

杜麗秋、許燕．1995/12/06．〈意象組合蒙太奇——論羅門詩歌意
　　　象組合的藝術〉，北京：羅門、蓉子文學創作座談會。

杜麗秋．1993．〈羅門與蓉子詩歌之比較〉《海南師院學報》第4
　　　期：15-18。

李霖生．1994/04．〈真理的魅惑：尼采論哲學家的成見〉《哲學雜

誌》第十期：90-97。

林以青撰．〈文學經驗中的都會情境——以七〇年代的台北為例〉，
　　收入鄭明娳主編．1995．《當代台灣都市文學論》．台北：
　　時報出文化出版社。頁 59-130。

林燿德．1988/05．〈第三自然中的螺旋型世界——訪羅門〉《台北
　　評論》第 5 期：18-27。

林燿德．1988/11．〈詩智的螺旋梯：羅門的「第三自然」觀〉《自
　　由青年》第 711 期：68-72。

林燿德．1995/05/14．〈山河天眼裡，世界法身中——羅門詩中的
　　自然〉，台北：羅門作品研討會。

林燿德．1994/08．〈刺蝟學狐狸的寓言——羅門 V.S. 後現代〉《幼
　　獅文藝》第 488 期：54-60。

柯慶明撰．〈六十年代現代主義文學？〉，收入張寶琴等編《四十
　　年來中國文學》，頁 162-175。

洛楓．1987/07．〈羅門的悲劇意識〉《藍星》第 12 期：106-117。

高秀芹．1995/12/06．〈羅門：反諷框架下的生存意識〉，北京：
　　羅門、蓉子文學創作座談會。

唐玲玲．1990/09/24．〈心靈的弦——《羅門詩選讀後》〉《南海
　　日報》。

侯洪．1995/10．〈詩的 N 度空間——看台灣詩人羅門詩歌的雙重吸
　　收〉，成都：四川國際文化交流會暨比較文學研討會。

陳文團．1994/04．〈尼采道德觀之虛無主義本質〉《哲學雜誌》第
　　十期：38-61。

陳仲義．1995/06．〈論羅門的詩歌語言方式〉《詩探索》第 2 輯：
　　124-130。

陳旭光．1995/12/06．〈羅門與對大陸詩壇的啟示性意義〉，北京：
　　　羅門、蓉子文學創作座談會。

陳懷恩．1994/04．〈尼采悲劇美學著作中的形上思考〉《哲學雜誌》
　　　第十期：98-117。

陳鼓應撰．〈尼采〉，收入陳鼓應編．1995．《存在主義》．台北：
　　　臺灣商務印書館。頁 91-116

陳師鵬翔撰．〈自然詩與田園詩傳統〉，收入張錯、陳師鵬翔合編．
　　　1982．《文學史學哲學》．台北：時報文化出版社。頁
　　　251-274。

張啟疆．1995/05/14．〈山腰上的地景──淺析《羅門散文精選》〉，
　　　台北：羅門作品研討會。

張愛華．1982/03．〈曠野的演出──讀羅門詩集《曠野》〉《明道
　　　文藝》第 72 期：147-149。

張漢良撰．〈都市詩言談──台灣的例子〉，收入孟樊主編．1993．
　　　《當代台灣文學評論大系．（卷 4）新詩批評卷》．台北：
　　　正中書局。頁 115-186。

張漢良撰．〈分析羅門的一首都市詩〉，收入孟樊主編．1993．《當
　　　代台灣文學評論大系．（卷 4）新詩批評卷》．台北：正
　　　中書局。頁 439-451。

郭玉文．1991/12，〈流浪與寂寞〉《中國語文》第 414 期：79-84。

理查．森涅特撰，王志弘、溫蓓章合譯．〈眼光的力量〉，收入王
　　　志弘編譯．1995．《空間與社會理論譯文選》．台北：自
　　　印。頁 31-44。

黃昌華．1995/12/06．〈血的遙感　情的超越──讀羅門的〈一把
　　　鑰匙〉〉，北京：羅門、蓉子文學創作座談會。

傅佩榮 . 1994/04 . 〈尼采：價值重估與權力意識的難題〉《哲學雜誌》第十期：4-37。

趙衛民 . 1994/04 . 〈尼采的權力意識哲學〉《哲學雜誌》第十期：62-89。

管管 . 1995/05/14 . 〈吾跟羅門的幾首小詩吃茶〉，台北：羅門作品研討會。

劉菲 . 1992/02/29 . 〈詩之外的羅門〉《世界論壇報 . 論壇副刊》第 10 版。

劉秋得 . 1995 . 〈喚醒美的一切──談羅門的詩藝觀〉《華文文學》第 1 期：65-68。

劉秋得 . 1995/12/06 . 〈喚醒美的一切──談羅門的詩藝觀〉，北京：羅門、蓉子文學創作座談會。

劉揚烈 . 1993/12 . 〈羅門詩中卓越的詩才與自覺的選擇〉《國文天地》第 103 期：82-87。

鄧榮坤 . 1992/01 . 〈天空與山也蹲下來──談余光中、羅門、向明的〈漂水花〉〉《藍星詩刊》第 30 期：112-115。

潘亞暾 . 1995/12/06 . 〈二論羅門蓉子伉儷詩〉，北京：羅門、蓉子文學創作座談會。

潘麗珠 . 1995/12/06 . 〈燈屋裡的詩國賢伉儷──羅門與蓉子〉，北京：羅門、蓉子文學創作座談會。

潘麗珠 . 1996/03 . 〈羅門都市詩美學探究〉《中國學術年刊》第 17 期：371-396。

黎湘偉 . 1995/12/06 . 〈羅門：患有嚴重心病的時代之童話詩人〉，北京：羅門、蓉子文學創作座談會。

應宇力 . 1995/09 . 〈羅門深深　深深羅門〉《台港與海外華文文學

評論和研究》第 3 期：25-27。

羅門．1995/08．〈詩批評世界的多面觀——談批評所面對的一些關
　　　鍵性問題〉《詩世界》創刊號/第 1 期：146-153。

羅門．1994/10．〈普普藝術潛在思想的探索與反思〉《現代美術》
　　　第 56 期：2-5。

【英文參引書目】

Friedrich Nietzsche（1956）*The Birth of Tragedy and The
　　　　　　　Genealogy of Morals*. Trans. Francis
　　　　　　　Golffing. New York : Doubleday.

François Jost（1974）*Introduction to Comparative Literature*.
　　　　　　　New York : The Bobbs-Merrill Company.

Gerald Prince（1992）*Narrative as Theme*. London : Nebraska UP.

Harold Bloom.（1973）*The Anxiety of Influence*. New York : Oxford
　　　　　　　UP.

Jan Brandt Corstius（1968）*Introduction to Comparative Study
　　　　　　　of Literature*. New York : Ramdom House.

Lomen and Yungtze（1968）*Sun Moon Collection*. Trans. Angela Jung
　　　　　　　Palandri. Taipei : Mei Ya Publication.

R. J. Hollingdale（1977）*A Nietzsche Reader*. London : Penguin.

Yi-Fu Tuan.（1977）Space and Place. Minneapolis : Minnesota UP.

【英文參引篇目】

Carl Sandburg. (1973) "Chicago." *The Norton Anthology of Modern Poetry*. Ed. Richard Ellmann & Robert O'Clair. New York : Norton. 220.

Longinus. (1971) "On the Sublime." *Critical Theory Since Plato*. Ed. Hazard Adams New York : Harcourt Brace Jovanovich. 76-102.